全国高考语文现代文阅读

"热点作家"
经典作品精选集

试卷上的作家

张国龙／主编

星星还在北方

林 彦／著

延伸阅读 备战高考

适合考生进行语文阅读的散文集

走进语文之美，领略阅读精髓

高中版

丰富的阅读素材

从童年往事到世间百态

从青葱校园到异域风光

开阔视野，看见世界，提升写作能力和人文素养

中国出版集团有限公司

世界图书出版公司

上海 西安 北京 广州

图书在版编目（CIP）数据

星星还在北方 / 林彦著. — 上海：上海世界图书
出版公司, 2023.10
（试卷上的作家 / 张国龙主编）
ISBN 978-7-5232-0239-5

Ⅰ. ①星… Ⅱ. ①林… Ⅲ. ①阅读课—中学—教学参
考资料 Ⅳ. ①G634.333

中国国家版本馆CIP数据核字（2023）第036696号

书　　名	星星还在北方	
	Xingxing Hai Zai Beifang	
著　　者	林　彦	
责任编辑	孙妍捷	
出版发行	上海世界图书出版公司	
地　　址	上海市广中路 88 号 9-10 楼	
邮　　编	200083	
网　　址	http://www.wpcsh.com	
经　　销	新华书店	
印　　刷	三河市兴博印务有限公司	
开　　本	700mm×1000mm　1/16	
印　　张	14	
字　　数	152 千字	
版　　次	2023 年 10 月第 1 版　2023 年 10 月第 1 次印刷	
书　　号	ISBN 978-7-5232-0239-5/G·815	
定　　价	39.80 元	

总 序

情感和思想的写真

张国龙

和小说、诗歌等相比，散文与大众更为亲近。大多数人一生中或多或少会运用到散文，诸如，写作文、写信、写留言条等。和小说相比，散文大多篇幅不长，不需占用太多的读写时间；和诗歌相比，散文更为通俗易懂。一句话，散文具有草根性和平民性气质。

在中小学语文课本中，散文篇目体量最大。换句话说，散文是中小学语文教学不可或缺的资源。中学生所学的语文课文大多是散文；小学生初学写作文，散文便是最早的试验田。从某种意义上说，中小学作文教学就是散文教学，主要涉及记叙性散文、抒情性散文和议论性散文等。在中考、高考等各类考试中，作文的写作离不开这三类散文，甚至明确规定不可以写成诗歌。可见，散文这一文体在阅读和写作中占据了举足轻重的地位。

然而，散文作为一种"回忆性"文体，作者需要丰富的生活经历和厚重的人生体验。散文佳作，自然离不开情感的真挚性和思想的震撼性。因此，书写少年儿童生活和展现少年儿童心灵世界的散文，无外乎两类：一是成年作家回望童年和少年时光；二是少年儿童书写成长中的自己。这两类散文可统称为"少年儿童本位散文"。显而易见，前者数量更大，作品质量更高。事实上，还有相当一部分散文作品，虽然并非以少年儿童为本位，却能被少年儿童理解、接受，能够滋养少年儿童的心灵。

这套丛书遴选了众多散文名家，每人一部作品集。这些作家作品可以分作两类。一类是主要从事儿童文学创作的作家，基于少年儿童本位创作的散文。比如吴然的《白水台看云》、安武林的《安徒生的孤独》、林彦的《星星还在北方》、张国龙的《一里路需要走多久》。另一类是主要创作成人文学的作家，虽不是专为少年儿童创作，却能被少年儿童接受的散文。比如，刘心武的《起点之美》、韩小蕙的《目标始终如一》、刘庆邦的《端灯》、曹旭的《有温度的生活》、王兆胜的《阳光心房》、杨海蒂的《杂花生树》、乔叶的《鲜花课》、林夕的《从身边最近的地方寻找快乐》、辛茜的《鸟儿细语》、张丽钧的《心壤之上，万亩花开》、安宁的《一只蚂蚁爬过春天》、朱鸿的《高考作文的命题与散文写作》、梅洁的《楼兰的忧郁》、裘山山的《相亲相爱的水》、叶倾城的《用三十年等我自己长大》、简默的《指尖花田》、尹传红的《由雪引发的科学实验》。一方面，这些作家的作品皆适合少年儿童阅读；另一方面，这些作家的某些篇章曾出现在中小学生的语文试卷上。因此，可以称呼他们为"试卷上的作家"。

通观上述作家的散文集，无论是否以少年儿童为本位，都着力观照内心世界，抒发主体情思，崇尚真实、自由、率性的表达。

这些散文集涉及的题材多种多样，大致可分为如下三类。

其一，日常生活类。"叙事型"和"写景状物型"散文即是。铺写"我"童年、少年生活中真实的人、事、情、景。以记叙为主，抒情与议论点染其间。比如，刘庆邦的《十五岁的少年向往百草园》

以温润的笔触，描摹了"我"在 15 岁那年拜谒鲁迅故居的点点滴滴，展现了一个乡村少年对大文豪鲁迅先生的渴慕与敬仰。安武林的《黑豆里的母亲》用简约的文字，勾勒出母亲一生的困苦、卑微和坚忍，字里行间点染着悲悯与痛惜。

其二，情感类。通常所说的"抒情型"散文属此范畴，即由现实生活中的人、事、情、景引发的喜、怒、哀、乐等。以渲染"我"的主体情思为重心，人、事、情、景等是点燃内心真情实感的导火索。比如，梅洁的《童年旧事》饱蘸深情，铺叙了童年的"我"和同班同学阿三彼此的关心。一别数十载，重逢时已物人两非。曾经有着明亮单眼皮眼睛的阿三，已被岁月淘洗成"一个沉静而冷凝的男子汉"。"我"不由得轻喟，"成年的阿三不属于我的感情"。辛茜的《花生米》娓娓叙说了父亲为了让"我"能吃到珍贵的花生米，带"我"去朋友家做客，并让"我"独自留宿。一夜小别，父女似久别重逢。得知那家的阿姨并没有给"我"炸花生米吃，父亲欲说还休。而多年之后的"我"，回忆起这件事仍旧如鲠在喉。

其三，性情类。"独白型"散文即是。心灵世界辽阔无边，充满了芜杂的景观。事实上，我们往往只能抵达心灵九重天的一隅。在心灵的迷宫中，有多少隐秘、幽微的意识浪花被我们忽略？外部世界再大也总会有边际，心灵世界之大却无法准确找到疆界，如同深邃莫测的时光隧道。每天一睁眼，意识就开始流动、发散，我们是否能够把内心的律动细致入微地记录下来？这必定是高难度写作。如果我们追问个体生命的具体存在状态，每一天的意识流动无疑就是我们存在的最好确证。比如，曹旭的《梦雨》惜字如金，将人的形象和物的意象有机相融，把女性和江南相连缀，物我同一。

尤其是把雨比喻成女孩，"第一次见面，你甚至不必下，我的池塘里已布满你透明的韵律"，空灵、曼妙，蕴藉了唐诗宋词的意味。乔叶的《我是一片瓦》由乡村习见的"瓦"浮想联翩，岁月倥偬，"瓦"已凝结成意象，沉入"我"的血脉，伴随我到天南海北。"瓦"是"我"写作的情结，更是另一个"我"。杨海蒂的《我去地坛，只为能与他相遇》，"我"因为喜欢史铁生的《我与地坛》而一次次去地坛，真真切切地感受史铁生的轮椅和笔触曾触摸过的一草一木。字里行间，漫溢出一个人对另一个人的体恤与爱怜、一个作家对另一个作家的仰望与珍视。或者说，一个作家文字里流淌的真性情，激活了另一个作家的率性和坦荡。

不管是铺写日常生活、表达真挚情感，还是展现率真性情，上述作品大体具有如下审美特征。

其一，真实性。从艺术表现的特质看，散文是最具"个人性"的文体，一切从自我出发。或者说，散文就是写作者的"自叙传"和"内心独白"。这就决定了散文的内容，其人、事、情、景等皆具有真实性，甚至可以一一还原。当然，真实性在散文中呈现的状态是开放、多元的，与虚假、虚构相对抗，尤其体现在表象的真实和心理的真实。不管是客观、物化的真实，还是主观、抽象的心理真实，只要是因"我"的情感涌动而吟唱出的"心底的歌"，就无碍于散文的"真"。散文的真实，大多体现为客观的真实，即"我"亲历（耳闻目睹），"我"所叙述的"场景"实实在在发生过，甚至可以找到见证人。对事件的讲述甚至具有纪实性，与事件相关的人甚至可以与"我"生活中的某人对号入座。叙写的逻辑顺序为："我"看见＋"我"听见＋"我"想到，即"我"的所见、所闻和所感，且多采取"叙述＋抒情＋议论"的表现方式。比如，林彦的《夜别枫桥》，少年的"我"先是遭遇父母离异，而后因病休学，独自客居苏州。那座始终沉默无语的枫桥，见证了"我"在苏州的数百个日日夜夜。那些萍水相逢的过客，却给予了"我"终生铭记的真情。

其二，美文性。少年儿童散文通常用美的文字，再现美的生活，营造美的意境，表现美好的人情、人性和人格，是真正的"美文"。比如，吴然的《樱花信》，语言叮当如环佩，景物描写美轮美奂，读来令人神清气爽，齿唇留香。"阳光是那样柔和亮丽，薄薄的，嫩嫩的，从花枝花簇间摇落下来，一晃一晃地偷看我给你写信……饱满的花瓣，那么嫩那么丰润，似乎那绯红的汁液就要滴下来了，滴在我的信笺上了。你尽可以想象此刻圆通山的美丽。空气是清澈的，在一缕淡淡的通明的浅红中，弥漫着花的芬芳……昆明人都来看樱花，都来拜访樱花了！谁要是错过了这个芬芳绚丽的节日，谁都会遗憾，都会觉得生活中缺少了一种情调，一种明亮与温馨……"安宁的《流浪的野草》，文字素面朝天、洗尽铅华，彰显了空灵、曼妙、清丽的情思。"燕麦在高高的坡上，像一株柔弱的树苗，站在风里，注视着我们的村庄。有时，她也会背转过身去，朝着远方眺望。我猜那里是她即将前往的地方。远方有什么呢，除了大片大片的田地，或者蜿蜒曲折的河流，我完全想象不出。"

其三，趣味性。少年儿童生活色彩斑斓，充满了童真、童趣。少年儿童散文不论是写人、记事，还是抒情、言志，皆注重生动活泼、趣味盎然。与此同时，人生中的诸多真谛自然而然地流淌于字里行间，从而使文章具有超越生活的理趣，既提升了文章的境界，又能陶冶阅读者的性情。比如，王兆胜的《名人的胡须》，用瀑布、白云、大扫帚、括弧、燕子等各种事物类比各个名人各具特色的胡须。稀松平常的胡须看似可有可无，却有着不同寻常的意义。古今中外名人与胡须的轶事，读来令人莞尔，幽默、风趣的笔调里蕴涵着举重若轻的哲理。张丽钧的《兰花开了18朵》，"我"时常和蝴蝶兰说话，如母亲的斥责，似闺蜜的呢喃，像恋人的娇嗔，满满的人间情怀里渗透着天然的机趣。"我家这株蝴蝶兰，真真是个慢性子——一簇花，耗费了整整66天的时间，才算是开妥了。从2月24日到5月1日，总共开了18朵花，平均3.67天开一朵。我跟她说：'亲呀亲，你可是我拉扯大的呀，咋这脾性半点儿都不随我呢？这么慢条斯理地开，你是打算把全部春光都占尽了吗？'"

　　散文创作通常与作者的亲身经历密切相关，尤其注重展现真性情。因此，散文抒写的往往是个人的心灵史和情感史。这些散文作品不单是中学生写作的范本，还是教导中学生为人处世的良师益友！

2022 年 10 月 18 日

于北京师范大学

序　言

我的地坛

林　彦

大约在一九九一年，我第一次读到史铁生的散文《我与地坛》，阅读时的感动让我无法形容。我第一次知道散文可以这样写，也可以写得这样好。当时我还在休学，独自一个人住在很灰暗的地方，不知道明天该怎么办。除了可以走路，我的状况比起曾经坐着轮椅在地坛边寂寞思考的史铁生好不了多少，或者说是更糟——我没有那么多智慧的感悟，也找不到自己的地坛。

而地坛的影子却始终留在我心底，寂寞的、真诚的、优美的文字，像一个人敞开襟怀等你走进他的世界。年少时的经历总是无意中成全或塑造着我们，直到现在，我对散文的印象还是以《我与地坛》为标准的。

这以后我开始学习写作，写过散文也写过小说。这本《星星还在北方》收入的文字，记录了我读中学时期的一些往事，有些像散文，又有一点儿小说的影子。小说在直抒胸臆方面比较间接，作者往往把感情和见解倾注在人物形象的塑造上。散文则更直接体现作者思想、情感和境界，一个人的思维所处的高度、情感是否真诚、心灵是否澄澈，看看他的散文就能摸到大体的印象。从这个角度来看，这本书里的文章大体更像散文，因为我觉得自己的感情还比较真诚。散文写人叙事都只是表面现象，根本上写的是感情体验。我喜欢散文里独特的自我存在意识。巴金说："我的任何散文里都有我自己。"这和王国维在《人间词话》中讲的"有我之境"是相通的，写景也好，写事也好，一枝一叶一个细节，最好都带有自我个性的体验、感情和色彩。在我的文字里，苏州和栖镇是经常闪现的背景，老巷、石桥、街檐下穿梭的船、细雨淋湿的樱桃、表情沉寂的木楼，以及木楼上的苔痕密布着时间的字样，还有我童年独自仰望的天空，连同外婆和母亲在黄昏回响的呼唤……这些无一例外打着自己的情感烙印。我写这些是真诚的，也是注重个性化的。

这样难免会碰到一个命题：到底是体验自己还是该体验少年儿童？我的回答是体验自己也是体验一个少年的成长历程，我写的文字大多算是成长文学，写的都是自己的成长往事，几乎没有纯粹的抒情。我希望自己的文字能向少年读者展示成长过程中的错误与忧伤、真诚与宽容，努力从自己的角度为他们打开一扇瞭望成长与人生的窗口。

在我的印象里，好的散文一定也是美文。散文和诗歌一样都是通过优美的语言"舞蹈"的。我看散文喜欢感受氛围，这和吴然老师强调"文调美"相距不远。给我触动较大的有归有光、张岱、沈从文、废名、汪曾祺的作品，从明朝到当代，他们的风格一路传承又有演变。汪曾祺先生说，前面的大河消失了，但泉水的暗流还在我笔下涌动。这句话我能体会。

所以我在阅读和写作时会下意识地去寻找文字氛围，喜欢写江南风物和如烟往事，写熟悉的人和细节，文调追求有生活质感、静态的画面色感和水的气息。诗歌、国画、书法和散文，表达美的方式不同，但意境是相通的，除了行云流水的感觉，都很注重留白。用贾平凹的话说，就是"越是知道多的地方，越要不写或者写得很少，空白，这正是要写的地方"。欣赏归有光的《项脊轩志》，常让我想起东山魁夷画水，画面有垂直的柳与不动的小船，再就是一大片空白，无一笔写水，但水的意境跃然纸上。这当然也是创作美文值得领悟和借鉴的地方。

我喜欢阅读摹仿民族传统的美学韵味，尽管我知道自己摸到的仅是传统文化里极小的碎片，同时我也想力所能及地捡一些国外经典里的碎片。坚持传统的审美趣味和面向国外经典，兼收并蓄才有可能拓宽自己的视野和创作空间。启功老先生论书法时说，下笔贵在上承前人又与众不同，散文创作大概也是这个样子。有时候，看格雷厄姆的《杨柳风》和梭罗的《瓦尔登湖》会让我想起苏格兰风笛与油画里倒映天空的湖泊，看川端康成的小说和安房直子的童话我能感受到日本的雪国和桔梗花田。相比之下，现在我们的好些散文似乎还缺少某种属于自己的东西。

还是要说到《我与地坛》，从看到这篇散文到现在，三十年的光阴飞快地流逝过去了，书越读越多，稿子越写越厚，却渐渐明白自己和《我与地坛》的距离越来越远，也许今生都难以攀上那样的高度。有时候我也提醒自己，无法深刻起来，那就追求和谐。我不知道自己的地坛在什么地方，能够让我清醒，让我思索，让我蜕变，直到破茧而出。我希望自己能靠近那个方向，并且正走在路上。

书 评

文思如星珠串天

李东华

林彦的散文多书写自己的成长经验，数量不多，我认为他是新世纪涌现出的最值得关注的儿童散文作家之一。他让我想起了那个一生只有 37 篇散文，却在现代文学史上占据了一席之地，且无人能取代其地位的散文家——梁遇春。量少而能名世，是因为他们有着独特而鲜明的、让人过目难忘的艺术品格。在这个普遍取消写作难度和深度的时代，林彦的一些散文如《寂地》《梨树的左边是槐树》《你是一座桥》《夜别枫桥》《门缝中的童年》《生如夏花》《午后歌谣》等，我们从每一篇的每个字中都能看到他的用心，像雕琢玉器一样力求把每个字磨亮。因此我借用废名评价梁遇春的一句话"文思如星珠串天"作为题目，确实是因为一看到林彦的文字，每每有夏夜里一开门，迎面一天璀璨星斗的那种意外而惊喜的感受。

纳博科夫在《文学讲稿》中说："一个善于创新的作者总是创造一个充满新意的天地。"林彦以大量的阅读作底子，又能从众多文学名家的影响中跳脱出来，构筑属于自己的独特的艺术新世界，这是他给予我的最为鲜明的阅读印象。林彦师从废名、沈从文、汪曾祺等文学大家，笔下都是些富有东方情调的平凡之物和平凡之人。然而，不同的是，那些大家大都写的是平和冲淡的人性之美，林彦的散文却多写自己父母离异、中途辍学、生病等坎坷多难的童年经历，以及周遭卑贱如草芥的小人物。林彦写出了青春期尖锐的疼痛，以及一个少年人和世界之间紧张对立的关系。林彦下笔十分含蓄，直抒胸臆的句子在他的文章里几乎是看不到的。他最善于借景抒情、托物言志，每一处景物都不是闲笔，都有着他情绪的投射。他的文章是当得起"一切景语皆情语"这句话的。这样，他所面临的写作难题就出现了。因为，他的笔下几乎都是小桥流水式的江南景物，一贯地被文人用来传达一种温润、精致的情绪，原不宜承载他那种孤峭、突兀、困顿、绝望的心绪，会破坏古典江南沉淀了几千年的在人们心中已成定式的典雅之美。若把圆润婉转的江南景致和棱角分明、狷狂偏执的少年意气两种对立的因素放到一起，一眼就能看出其中的不谐和。然而，林彦却以其独有的敏锐，从不和谐中发现了和谐，使不相融的两种东西水乳交融在一起。如果说，废名等文学大师们善于发现生命里的和谐元素——即便有不和谐的成分在，他们也是善于大事化小、小事化了，充满磨难的人生在他们的笔下从来都闪现着诗性的光泽，因而他们笔下的人和周围的淳朴静美的山川风物总是那么相配，洋溢着田园诗般的情调。林彦却反其道而行之，他善于从江南小巧、优美、雅致的景色里剥离出冷峻、峭拔的一面，从富有平衡的美感里发现其中的不平衡，从而和他冷峻、悲怆的内心天衣无缝地融合在一起。这一点，可以说是属于林彦的一种创造性的转化。

我们来看他笔下的景物：

……栖镇好像蛰伏在水墨的色调里，水是无色的白，将小镇的街织成网。街檐下小船穿梭，船篷和屋檐一律是墨迹淋漓的黑。黑白之间横着灰暗的单孔石桥，是路的过渡，也是颜色的过渡。（《门缝中的童年》）

雨在江南其实是有点儿春秋不分的，一样的细，一样的酥，像炊烟一样迷茫，像无处不在的网，像廊檐下风吹来的二胡，如泣如诉，牵扯不断。秋雨褪掉的只有颜色，水瘦了，芭蕉剩下寂寞的叶子，深巷的屋顶远看像乌沉一片的船，一层层浮在空白的烟水中。（《雨蝶》）

临河只有一棵苍黑的苦楝，幽深逼仄的鹅卵石街道从岁月深处蜿蜒而来，安卧在苍茫的烟雨里。年复一年被时光撕掉的古典江南在枫桥边还残留着最后一页。（《夜别枫桥》）

那个秋霜浓重的清晨，雾很大，栖镇残存到深秋的颜色完全消失，茶楼石桥酒肆参行……繁杂的线条突然简略得似乎一把风就可以吹散，沿街狭长迂回的河道宽广到没有边沿，两点挂桅灯的乌篷船，仿佛在一张水墨画的空白处移动。（《你是一座桥》）

两棵黝黑的树守在路口，一棵热闹地开着白花，一棵沉默着。等这一棵安静下来，另一棵才花枝招展，开的也是白花。（《梨树的左边是槐树》）

林彦的笔调是冷的。他笔下的景物似乎只有黑白二色，如同黑白水墨画，或者黑白影片。一切景物只剩下勾勒轮廓的线条，而这些线条的质感和硬度，恰恰和他那峻峭的无处不在的伤痛的情绪相吻合。他也会写被雨淋湿的樱桃，但那黑白背景之上的一点儿耀眼的猩红，不是喜庆，而是凄艳。他写江南烟雨的迷离，写苏州脉脉的流水，无不折射出他的迷惘、无奈，充满哀愁的内心。

林彦透过江南的温情、婉约，看到角角落落里还散落着很多艰辛黯淡的生命，像是被上苍遗弃的种子，无声无息，自生自灭。林彦是擅长写人物的，尤其擅长写那些处于生活边缘的小人物。林彦的散文几乎每篇都有令人过目难忘的人物。这些人物的命运是灰扑扑的，一如他笔下没有表情的沉寂的木楼。但是，这并不是他写作的终点，他总能从灰暗、绝望中回到人性的倔强和美好，让人想到张爱玲所说的"暖的呼吸在冷玻璃上喷出淡白的花"，看到在冷的人生深处依旧可以挖掘出缕缕暖意。

也许因为他自己坎坷、困窘、漂泊的童年，他对相似命运的群体，总是产生深深的悲悯，这些容易被人遗忘的边缘人，却在他的笔下获得了生命和尊严。比如那个得了绝症的小男孩点点（《点点的一棵树》）、作者辍学后待在学校一个堆放土豆的防空洞中碰到的那个有智力障碍的小女孩（《寂地》），比如受伤后截肢的绝望少年子平、子平的母亲五娘（《夜别枫桥》），比如那个因为"早恋"被妈妈责难最终疯掉的女孩（《雨蝶》）……而他笔下的另一类人，虽然平凡得不能再平凡，但正是他们身上的善良，使得这个伤痕累累、前途茫茫的少年，不至于完全地绝望——在他冷傲的乖僻的心之深处，始终没有斩断对于生的一丝牵绊和留恋。因为父母离异，再加上自己辍学，他一度如孤儿，无处可去，寄居在表哥家无人居住的苏州老房子里，而且得了肝病。在这里，有那个关心自己的慧师傅、花店里的大妹妹、执着地劝他不要荒废学业、自愿给他补课的沈先生，甚至连那个收破烂的同龄小男孩，在他一文不名的日子里，都会把一张一张的毛票借给他（《夜别枫桥》）。另外，如《你是一座桥》里的外婆，一个清洁工，没有丈夫，独自抚养着三个女儿，一生衣着破烂，饮食粗糙到极点。然而她却养育了一个弃婴并把他送进了大学。在衣食无忧的晚年，她过不惯清闲的生活，靠着拾荒攒了一笔钱，为家乡建了一座桥。对于外婆，作者有着复杂的感受，他在文末这样写道："世上太多的母亲永远是子孙的桥，生命从来没有属于自己，活着为了渡人过河承担重负。一旦拿掉踩在她身上的脚步和负担，反而是卸掉了存在的意义，等于是把她丢在寂寞里彻底毁弃。我的外婆，我的母亲，我是该给你们唱一支赞歌，还是该唱一曲挽歌？"不管读者如何来评判外婆的行为，她那顽强的生命力，她那无私奉献的情怀，这样一个淋漓尽致的典型的中国传统母亲形象，给人深深的震撼。

所以，林彦的冷只是一个外壳，尽管这个外壳厚了些，但我们仍旧能够感受到在那些冷峻的文字背后，跳动着一颗温热的心。

林彦的散文，是非常注重文字之美的，充分发掘汉语言丰富的表现力，这一点，从前面的几段引文中即可看出。林彦也喜欢向其他艺术形式借鉴。比如，国画中讲究的留白，被他运用到散文写作中，就避免了很多无效叙述，留下了很多可供读者思索的空间，使得文字干净、简洁、含蓄。林彦为大家所熟知的更多的是他的小说。在他的散文写作中，明显地可以看出，他是试图打破散文和小说的界限，把一些小说手法引进到散文中来。细细品读这些文字，心里会涌上无名的哀愁和温暖的感伤，就像我们面对漫天的星光和浩瀚的宇宙那样。

目录 CATALOGUE

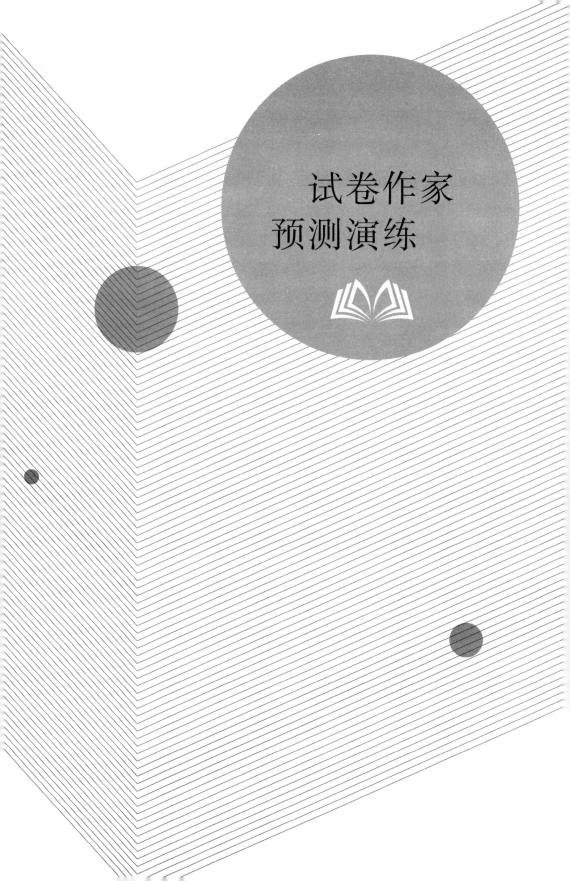
试卷作家
预测演练

门缝中的童年

河流到秋天总要弯弯瘦去。

水瘦了，栖镇也褪了姹紫嫣红，和秋水一样清清奇奇地瘦。

这是我十岁前对故乡最深的印象。水一消瘦，栖镇沿河的石埠也深沉起来，下河提水或到船头搬粳米要走十四级石阶，而春天只走八级就够了。江北的小城栖镇好像蛰伏在水墨的色调里，水是无色的白，将小镇的街织成网。街檐下小船穿梭，船篷和屋檐一律是墨迹淋漓的黑。黑白之间横着灰暗的单孔石桥，是路的过渡，也是颜色的过渡。下雨天，青石街道上印着成串光润的脚印，如意楼茶馆里像悬浮着一层烟，说不清白还是绿。茶馆与满街木楼的表情都是百年孤寂的，到处嵌满苔痕，苔痕上密布着时间的字样。童年时代，我每天从夹在石桥木楼之间的小街上走来走去，把时光年复一年地走掉。

现在我恍惚看见一只鸽子穿过屋檐下的雨滴，孤独地落在木门的阴影里。鸽子对面是一罐快熬干的中药，还有一个静静趴在草席上的孩子，那个孩子可能是小我两岁的妹妹，也可能就是我。黄昏、雨滴、中药和生病的孩子，可以组成我童年时代最常见的场景。

事实上，我很少怀想童年。童年时代，我总是坐在门槛上心事重重地咬手指甲，我父亲远在省城，每月回栖镇度周末，把在外面积攒的郁闷和烦恼加倍地挥霍掉。母亲独自在栖镇阴暗的老屋里照看我和妹妹，忙着到缫丝厂做工或者熬药，偶尔也忙着和父亲争吵。她年轻时光洁的脸不到四十岁就终日浮肿着，可以想见当时的日子是怎样黯淡无光。

比较快乐的时候是在每天下午四点左右，母亲带我和妹妹去罗汉桥边的梅先生诊所。妹妹打针，我瞅准机会玩。诊所是很好玩的，那么多药瓶像装着无数的秘密，幽蓝的酒精灯上煮着一盒闪亮的针头，刀子镊子钳子也是亮闪闪的，比玩具精致。

我老想摸摸梅先生漂亮的针管，一点儿也不害怕，我是不生热疖头的。生热疖头的家伙在我面前一向是威风极了，可是一进诊所就哇哇乱叫，不可避免地挨上一刀。梅先生忙不过来时，也支使我取药棉和纱布，满口夸我伶俐。有一回趁梅先生给妹妹打针，我偷偷拿了她的刀子，溜到挣扎哭嚷的木生背后，他一心提防梅先生，没提防我手心痒，朝他脖根栗子大的疖头捅了一下。梅先生骇得孩子一样叫起来，倒把脓血飞溅的木生吓得怔怔的。

类似的错误我没少犯。我不活泼，可是闯的祸一点儿都不少，例如拆了家里的闹钟组装玩具手枪，在茶馆因捡香烟盒子而碰碎茶碗，让母亲骂成缩头缩尾的猫。如果撞上父亲就更惨，他竖起眉，直接把我拎起来丢到门外，罚我一餐不吃饭。这种时候我习惯蜷在一个门角，怯怯地往门缝里瞅。家庭就依赖这道缝，拴着一个孤独的影子，直到黄昏巷子里响起母亲细长哀切的呼唤。

栖镇木楼的门除了沿街铺面，大多数沉默地关着，人和蚂蚁都在门后的世界里忙碌。推一道门缝，一个浓缩的世界也随之敞开。我喜欢去东街玻璃店看曹师傅用吹管吹出一个通红透亮的玻璃泡，看澡堂里姜麻子挥刀把人的脚茧削得雪花飘扬，还有小天工木器店里车工做木碗，他们的动作都像游戏，还能赚钱。

小天工在接近端午时最热闹。栖镇的端午节，白鱼黄酒咸蛋青粽，风俗和江南差不多，稍稍独特的地方大概是满街吃螺蛳河蚌。河蚌炖汤，加咸菜豆腐，浓白的汤汁里透点咸腥，不难吃也不好吃。螺蛳用黄酒红醋炒过，佐以葱白姜末，盛在青青的粗瓷盘里色彩夺目，用皂荚刺挑着吃，味道比河蚌鲜美。小孩边吃边玩，螺肉一掏尽，马上把螺壳套在螺蛳弓上射出去。

螺蛳弓就是小天工制作的，楠竹弯成弓形，弦上扣一支小箭，空螺壳套上箭头，男孩们挽弓如满月，朝天空啪地射出一片欢乐。清明过后，小天工墙上挂满了各色各式的螺蛳弓，用橙红的桐油漆得琳琅满目，精巧玲珑，逗得我们挨挨挤挤的，叽叽喳喳，两眼直放光。

一到端午节，栖镇楼顶上噼噼啪啪如雨点般落着螺蛳壳。只有我照例孤独着，直勾勾望着别人玩得上蹿下跳。我父亲对螺蛳弓深恶痛绝，据说小时候被螺蛳壳射中眼睛，险些看不到这大千世界。他既不给我买，也绝不允许我在那玩意儿上纠缠。他偶尔心情舒畅宁肯给我买比较高级的象棋，结果镇上只有我两手空空守着冰冷的象棋。我还是羡慕螺蛳弓，好多次凑近邹姨妈家门口，盼望阿晴能记起她的承诺。

邹姨妈不是我姨妈，只是镇上人都叫她邹姨妈，她的丈夫患慢性黄疸病成天在家躺着。邹姨妈养了一大群绍兴鸭子，这群鸭子和它们的主人一样肯吃苦耐劳，也肯生蛋。邹姨妈就靠鸭毛鸭蛋维持全家的生活，还要供女儿阿晴上学。她做的咸蛋很好吃，鸭子吃不上谷米就专捉螺蛳泥鳅，蛋黄红彤彤的，特别出油。这么好的蛋还得绕远路到邬桥去卖，很多栖镇人不理睬她的鸭蛋，怕传染黄疸病。

邬姨妈的女儿阿晴比我大四岁，很像邬姨妈，宽宽的脸表情总闷着，成天埋头用功。她表现积极，在学校扫地扯草满头大汗的一马当先，但老师总有足够的理由不喜欢她。不喜欢她莫名其妙的笨，一篇课文抄三遍还背诵不了，攒那么大的劲跟个蜗牛似的却进步有限；不喜欢她左手有六个指头，穿的衣服似乎同样散发着病态的气味；更不喜欢她课后目光呆滞地卖鸭蛋，让校长皱眉又不好直接批评。

有一回年关将近，家中来客，母亲忙着下厨，打发我上街买一块钱咸蛋。出门刚好撞见阿晴，她拎一篮咸蛋从邬桥回来，冻了一下午的寒风没有卖掉多少。我把一块钱递给她，看她慌慌张张把鸭蛋抓到我兜里，像要哭出来的样子。

一块钱四个咸蛋，她给了我五个。从此她对我特别亲近，上学愿意候我这小萝卜头一起行动，把早点赤豆米糕也省一半给我，清脆地喊我阿弟。她不怎么好看，可声音好听极了——"阿弟哎……"如一串圆溜溜滚动的水珠。

最让我兴奋的是她居然送了我一把螺蛳弓，是她爸爸躺在床上给她削的，比小天工的粗糙，但纤细的竹箭照样能射翻草丛中的蚱蜢。可惜我劲使过了头，把麻绳绞的弓弦扯断了。

我一溜烟跑到阿晴家门口，想求她爸爸修一修，却听到邬姨妈拍桌子的声音："书包呢？你的书包呢？念书连书包都念丢了，不如不要念了！"

我凑近门缝，看见阿晴低头抱着散乱的课本，地上一条孤单的影子在微微颤动。我记得放学时她就这样抱着课本站在学校的垃圾桶边，我喊她，她也没有反应。上午，学校号召给河南灾区的失学儿童捐献爱心，我找母亲要了五角钱交给班长。听说她没有钱，把自己唯一不算旧的书包捐了出去，放学后却发现书包已经被人甩进了垃圾桶，爬满了油渍和苍蝇。

大约两个星期后学期结束，她就此辍学到四十里外的朱雀镇果园做小工。她乘船走的时候，我跑到桥埠下挥动断弦的螺蛳弓送她，听到圆溜溜水珠滚动的声音哽咽着消失，依稀是说赚了钱再送我一套弓箭。

等到我小学毕业这一年，阿晴的父亲去世，她才回来。两年功夫让她出落得比较窈窕，目光机灵，与人周旋像给果木剪枝一样干净利落。她卖掉鸭群，帮邹姨妈做水果生意。朱雀镇的姑父按时送半船时令水果来，春季有香水杏、黄桃和赛过珊瑚玛瑙的红白樱桃，夏天卖枇杷香瓜和莲蓬，入秋是葡萄、水晶梨还有金橘。

这些水果她精心筛选一遍，新鲜匀称的高价送到镇上十几家大宅院里，歪瓜裂枣全剔下来批发给别的果贩。她看见我还是满脸笑容，然而不再喊阿弟，用对待所有顾客一视同仁的声调叫我的名字，清脆依旧，再没有当初的圆润。面对她招徕顾客热情的笑脸，我始终张不开嘴喊她阿姐，提起那张她承诺过的螺蛳弓。

她也一定是搞不明白我为什么老围着她转，只好请我尝蜜桃，条件也很优惠，一块钱买三个的可以给我四个。我愤恨地瞪着她的蜜桃，搞不明白为什么一切都不对了。那只无情地扔掉她书包的手一定还同时扔掉了什么，包括她的笨，她扯草扫地的满头大汗，她分给我的半块米糕，也扔掉了她叫阿弟时水珠般圆溜溜滚动的声音。

　　我不再靠近她，只有一次无意经过邹姨妈门口，听到邹姨妈难堪地数落她的生意做得跟姑父一样滑。她正忙着往木盆里的青菱泼什么东西，清水淋漓的菱角顿时变成鲜艳的胭脂色，一变成红菱的价钱就贵多了。她往门后暗沟里泼水，发觉我的窥视，狠狠给了我一个充满警告的白眼。

　　从此，我莫名其妙就有些怕她，远远地在小巷里绕开她的吆喝声。时间长了，谢光荣都发现了我的习惯，奇怪地问："躲什么？又不是撞上于太婆。"

　　谢光荣和我同班，表情有点儿流里流气，所以经常被班主任于太婆修理。事实上他只是比较表面地痞一下，在我们眼里老鹰才算是一个角色。老鹰十五岁，他是个心灵手巧又老谋深算的家伙，会用木板轴承做滑轮车，用铁丝和牛皮筋做火炮枪。许多只配扔进垃圾堆的东西，一到老鹰的手里立刻被创作得像模像样，然后卖给我们或者让我们拿家里的香烟来换。他喜欢叼根烟屁股在继父面前大摇大摆地吐烟圈。几年前他还不停挨揍，等成长到一定的高度，他会弄钱会打架，手腕多了一个鹰头的刺青，继父对他竟然客气起来。

　　有一阵，谢光荣迷上了街头打气枪靶，输得晕头转向，怂恿我和豆豆一起找老鹰学习赚钱。老鹰课余在小天工贴纸盒标签，零票子数得唰唰响，把老谢馋死了。

　　但老鹰说挣这种小钱没意思，他准备挖一笔油水大的，要我们入伙。他的计划有点儿野心勃勃，居然打算上船摆栅敲竹杠。

　　按栖镇的婚嫁习俗，迎新娘是一律要开娶亲船的，由新郎雇上一队披绸挂彩的木船，一路锣鼓喧天，开往新娘所在的小镇。从镇口港汊到新娘门前的石埠这一段水路，对于新郎可谓是唐三藏取真经——九九八十一难。无论男女老幼都可以伸竹篙往迎亲船头一点，跟公司上非法设卡收费差不多，迎亲船得乖乖停下来讨价还价，留下糖果香烟甚至买路钱才能通行。栖镇称之为摆栅，以此表达乡邻对新娘的眷恋和挽留。

碰到摆栅人，新郎非但不能抗拒，更要笑脸相迎。相反倘若迎亲船一帆风顺没人打扰，对新郎来说是一件很没有面子的事情，会让人家看不起。这游戏我们以前也凑热闹玩过，最多讨一把裹了红纸的软糖，不敢像老鹰计划中那样玩真的。

日子一到，我和豆豆听到锣鼓声就慌不择路，赶紧开溜。老鹰果真率领谢光荣上船摆栅。他胸有成竹往迎亲船头前一挡，伴郎错把他当小孩打发，扔过两个糖果红包，他眼珠都懒得瞥一下，红包扑通落入水里，让对方吃了一记瘪。

一整包两公斤的奶糖递过来，老鹰照样不伸手。新郎只好讪笑着请他开条件。

老鹰巴掌一晃，两岸哗然，他要钱，五十。

照规矩小孩摆栅是不能要钱的，但老鹰开创了历史——当然胜利肯定属于他，他能够一夫当关坚持到底，迎亲船可打不起持久战，耽误了迎亲的时辰新娘是万万不能答应的。

谢光荣凯旋，他分到十块钱，嘴都乐歪了，第二天却一头撞到于太婆手上。学校没人不怕于太婆，校长都怕，校长也曾经是于太婆的学生。这老太婆瘦瘦的，精神百倍，一辈子不成家，六十多岁还舍不得离开学校。她喜欢喝茶抽烟，下课没茶喝爱乱发脾气，班长林东常常主动泡好一大杯浓茶，让她眉开眼笑，简直慈祥极了。不过她一旦训起学生，乖乖不得了，那可是暴风骤雨呼啸而来——

"谢光荣，我警告你，你不会有好下场！抬起头来，抬起头来，你抬起头来！小小年纪就往钱眼里钻，害不害臊？对不对得起父母和人格……"

事后，老鹰哼了一声，难道她不往钱眼里钻？说这话的时候在西街老鹰住的阁楼里，谢光荣抱怨老鹰害自己写了三份检讨，一份比一份深刻还无法过关。

我们非常肯定地摇头。

我偏不信邪！老鹰说。

星期天早晨，雨丝迷茫。老鹰带我们三个守在西街酒酿铺后门，他说经过观察，于太婆时常走这段路到板桥商场买菜，活该要在这里买一个教训。

他把整得谢光荣惨兮兮的那十块钱扎个针眼，穿一根钓鱼的透明丝线，隔着虚掩的门缝抛在光溜溜的鹅卵石路上，线头拽在手里。

我们躲在门后又紧张又好奇，不知她会怎么对付这张阴险的钞票。如果她弯腰去捡呢？老鹰冲谢光荣坏坏地一笑，那你的检讨就不用写了。

街上很静。远远听到急匆匆的脚步声，是她。都屏住呼吸，看到一把雨伞和雾气迷茫的黑框眼镜在门缝里闪现。

她拎着菜篮，忽然倒退一脚发现诱饵，以为是路人遗失的，果真不假思索弯腰去捡。她的指尖刚沾上钞票，钱却嗖地脱手飞走。她大概以为是风捣乱，赶上两步继续弯下腰，猛地听到一声嘹亮的口哨。

门推开了，我们三个人都盯着她。我不知道自己是什么表情，她的表情足足有一分钟的空白，仿佛才意识到这张会跑的钞票到底

9

是怎么一回事。然后我看到她的手指和嘴唇褪为苍白，她在一分钟里迅速衰老，迅速地战栗。

"你们！你们这些……"

她捂着脸跌跌撞撞转身跑了，伞和菜篮丢在雨里，剩下我们三个面面相觑，像一齐失手摔碎了热水瓶，空气中也仿佛有爆炸的余音。只有老鹰故作轻松说我知道的，逃不出我的掌心，他的脸上有一丝痉挛的紧张和快意，让我们害怕。

第二天，我们提心吊胆进了教室，于太婆却没有来，代课的丁老师说班主任休了病假。不久她坚持要退休，离开栖镇去了上海，任谁也留不住。听说她带走了一纸箱学生的成绩册和照片，大概也包括我们三个。

她走的那天，很多学生都哭了。

放学后我们围着沙坑打了一架。我和豆豆把谢光荣摁到沙子里，老谢拼命挣扎，突然毫无前奏趴在沙上哇哇大哭，似乎某个疼痛的开关被我们不经意地扭到，鼻涕眼泪溅出点点滴滴伤心的坑。

操场上落了很多黄黄的叶子，如果我记得不错，那一天正好是霜降。

最后一次凑近门缝已经到了初一年级暑假，我随父亲来到省城。父亲出差的时候，我住在洞庭街小姨家里。小姨在商业局做会计，住房宽敞，没有结婚。她那时眼角已经挂了岁月的痕迹，却不肯回头地守着一位姓唐的医生。我刚搬到她身边，感觉如同走在一个目光交织的网里。她经过的地方，总有些挤眉弄眼和嘀嘀咕咕，议论她和被她插足的那个家庭。

我还记得她在家里边织毛衣边心神不宁地等候，蓦地门铃一响，小姨漾出微笑，却又矜持起来，让我去开门。唐医生就拿着紫罗兰香水或者舞厅券热情洋溢站在门外，每次都不忘记郑重地和一个小孩握手，风度和涵养恰到好处。

小姨陪他去跳舞，走时兴冲冲的，回来愤愤然把拖鞋踢飞到鱼缸里，把金鱼溅到地上直喘气。隔天雨过天晴又一切依旧，她继续心神不宁地织毛衣。漫长的一个星期，她没有等到任何结果，熬了乌梅汤，写了一封信，叮嘱我送往协和医院。

我端起汤盆上了去医院的公交车。车窗外阳光炽烈，道路树木和广告牌都在蒸腾中哆嗦。我忍不住悄悄地喝了一口乌梅汤，不甜，含在嘴里进退两难的酸。

下班的人流淹着我，我逆流走到五楼神经科办公室，把门推个缝……

室内空空荡荡，有吊扇低沉的咳嗽。我看到唐医生独自翻着报纸，忙向他悄悄地挥动那封信。他瞥见我，夹了夹眼角暗示我赶紧退出去。晚了，我这才发现，他对面办公桌边还居高临下站着一个严厉的女人，大概就是传闻中他既神经兮兮又令人同情的妻子。

"这孩子是谁？"女人敏感地问，"送信给谁？"

"不清楚，可能是找肖医生。"他熟练地换上陌生的表情，瞟我一眼示意我进一步配合，"两点钟再来吧，肖医生不在……"

我猛把乌梅汤一股脑泼在他脚下，撒腿就跑。听见女人摔门骂我赤佬，也听到那个人有涵养的劝解。

回家把空汤盆还给小姨，我告诉她："唐医生很高兴。"

她抿嘴一笑，甜甜的羞涩花也比不上。这差不多是我童年编得最绚丽的谎言，也只给小姨编织了一夜的幸福。其实她的信还揣在我裤兜里，被汗浸成惨白的一团。

两天后，有敲门声。我把门拉开一道缝，唐医生张望着候在门外。我很自然很坚硬地把门关紧。

背后门铃一声声催着。我咬紧牙，脸上有了少年的棱角。

童年的门缝是我窥视人世的第一个角落，是一页撕裂的教科书，让我知道人长大后会小心翼翼不再把心敞开，会悄悄往心底那扇门后积攒经验机智爱心私欲伤痛或者快乐，攒得足够多的时候就称之为成熟，而流失的是童年一尘不染的纯真，就像在十二岁念初一的暑假，我关上门缝的那一刻，童年的门也就此在身后轻轻关闭。

1. 阅读文章，回答下列问题。（12分）

（1）文章开篇详细地描绘了故乡的风景，有何用意？（4分）

_____

_____

_____

（2）如何理解"家庭就依赖这道缝，拴着一个孤独的影子，直到黄昏巷子里响起母亲细长哀切的呼唤"这句话？（4分）

_____

_____

_____

（3）文章结尾处的"我很自然很坚硬地把门关紧"有什么含义？（4分）

_____

_____

_____

2. 写作训练。（60分）

童年是美好的，而伴随着童年的成长却是苦涩的。我们每个人总会在童年时光中逐渐成长，逐渐成熟。

写一写童年时期发生的令你成长的事情吧。文体不限。字数：600—1000。

你是一座桥

一

我终于又推开了那扇门，在离开栖镇三年后一个十月的黄昏，一种如风的东西从远处迎面而来，仿佛一粒未落定的尘埃跌进了我的眼睛。

她终究是从那张坚固的梨木靠椅上消失了。椅子是她从罗汉桥边的地沟里捡的，除了丢掉一只脚，剩下的部分结实得让人搬不动，她搬了回来，找四块青砖把断掉的椅子脚支好，兴奋地坐了半天。以后她累得站不住了，就离不开这三脚靠椅。时光年复一年地走过，梨木靠椅让她磨得油光可鉴，她却不见了，换了一只蟋蟀站在椅背上。

昏暗的木阁楼有嘶哑的咳嗽声，从阴森森的角落传来，像是蝙蝠与夜枭的语言。童年的时候，我不止一次为这种死寂中爆发的声响吓得惊魂不定，她却充耳不闻。为了她，母亲几乎大喊大叫了几十年，她侧过耳朵什么都没听到——但母亲一直否认外婆是完全地聋了。母亲坚持说外婆能听见，例如舅舅的声音。

她确实能捕捉到舅舅的声音。她养了包括母亲在内的两个女儿，每年唯有小孩过生日那天，外婆才变得比较慷慨，肯挖挖口袋问要不要礼物。小姨跳脚高喊檀香、橄榄、龙须酥糖，就跟雪花入水一样，外婆的表情涟漪都不溅一个。她转头问舅舅四毛，四毛不耐烦地说，随便！

哦！好，好，她恍然大悟：吃面！挺满意地煮了几碗清水挂面。

她对四毛舅舅格外的灵敏让母亲无可奈何。母亲说外婆聋了好些年后偏偏听到了四毛的哭声，简直是命中注定的。

若干年前，就是那一声清晰的啼哭改变了她的命运。

那个秋霜浓重的清晨，雾很大，栖镇残存到深秋的颜色完全消失，茶楼石桥酒肆参行……繁杂的线条突然简略得似乎一把风就可以吹散，沿街狭长迂回的河道宽广到没有边沿，两点挂桅灯的乌篷船，仿佛在一张水墨画的空白处移动。她照例夹起扫帚背上竹筐走上幽深的青石街道。每天她总是全镇第一个起床出门的，负责清扫九条小街和四十多座桥。

水乡栖镇多的是石桥，高拱、平板、单孔、半月……参差错落地串在墨绿的河道上。这里的人做官发财、婚庆做寿都习惯修座桥以示纪念。桥栏边刻有一块青石匾铭，记载修桥的姓名和修建日期，讲究一点的还要请书法家写几个飘逸或者遒劲的大字，比如"似锦鹏程""龟龄鹤算"。有些桥上刻的字也不免滑稽，像五十多岁生了儿子或者丧偶再婚修桥庆贺的，偏有人在桥栏上补两笔"枯木逢春""梅开二度"的字样。

最老的桥可以追溯到明代万历年间，是如意茶楼下的西陵桥，相传是著《西陵诗话》的进士范勉所建，桥栏镌刻"文泽江左"四个篆字，历时久远，现已模糊难辨。所谓江山代有才人出，桥大概也是这样。清初顺治乙未科考，栖镇举子赵珩得中探花，还乡修了探花桥。民国首义后镇上士绅修有光复桥，加上庆祝中华人民共和国成立的解放桥，也算得上与时俱进。漫步过桥，像踩过栖镇一页页凝固的历史。

这些桥让外婆的背驼得很快，因为每天要清扫到午后才可以伸直腰喘口气，但她觉得不错，能挣一份工钱又能捡捡废品。寒来暑往，她在桥埠和垃圾堆里捡了不少东西，除了那张梨木椅，还时常捡回残缺不全的瓶罐、旧鞋、碎布、铅笔头、牙膏皮……当然也包括舅舅四毛。

四毛当时只是一个瘦巴巴的男婴，裹着一团土黄色棉布，搁在采菱桥的石埠下。采菱桥是外婆清扫的第六座桥，浓雾让她忽略了桥边那团黄布。在即将离去的刹那，一个声音突然把她扯住，细细的，清脆得像一片玻璃迸裂，钻入她失聪多年的耳朵。习惯无声无息的外婆顿时有些手足无措，然后她瞄到了桥边那团蠕动的布。

这可不是一角钱或者牙膏皮，她不敢随便捡回家，抱在桥边等人认领。不久，人都上了街，一波波聚着围观，唯独不见失主。雾散了，裁缝老莫说，别等了，父母能狠下心丢掉就不会领回去，毕竟是一条命，谁做做好事收养下来……

没有谁敢做好事，当年家家富余的都是孩子，只能由外婆抱回家暂时养着。怎么养让她愁了好久，做货郎的外公早些年坐夜航船去了苏北，从此没有回来，回来的只是些让人心惊肉跳的传闻，诸如当兵被俘或者失踪，总之没给外婆和她的女儿增添任何希望。依靠扫街连同卖废品实在填不满三张嘴，从母亲记事起全家就一日吃两餐，她们的眼睛饿得比寻常孩子的大一圈，脸上有洗不掉的菜色，每天喝的米粥里也确实掺了大量的萝卜菜叶。

堆满废品的阁楼找不出婴儿吃的东西，四毛拼命哭嚎。外婆打发母亲拿个碗找养孩子的人家讨点奶水，好半天才要来一勺红糖，兑些米汤灌下去，四毛居然也安静了。

一个贫穷的胃是让人放心的。外婆舒开皱纹，端详手中的四毛，不是很好看，满头黄毛一筷子能夹起来，潦草的小眼睛，嘴倒挺大，显示着吃的渴望。唯有嘴边镶的一粒红痣，让外婆很是喜欢。她依稀记得自己养的头一个儿子嘴边也有一粒同样的痣。那孩子真是聪明，两岁就认得好些字，三岁多能帮她穿针线择菜，可惜没等到上学就患结核病死了。她一直怀念那个孩子，也记得他叫阿娘的声音，此后两个女儿的叫声她都听不见。而这一夜她似乎又感触到某种声响，孩子心贴心的跳动，细微温暖的呼吸，一切使得长夜不像过去那样凝成一只冰冷的手，从脚底一直掏空到心里。

天亮的时候，她决定把孩子留下，并且买了两斤奶粉，这让小姨几乎要哭出来。她快九岁了，从来没闻到吃的东西可以这么香。这么香的东西让外婆觉得划算，两斤奶粉足足要她扫七天街或者卖三百斤废纸。镇上干部的孩子都喂这个，也都长得比喝菜粥的壮实。

然而这孩子的胃口出乎她的意料，应该对付一星期的奶粉只够喝四天，夜半还时常爆发饥饿的哭嚎。奶粉是维持不了多久，外婆不得不换成相对便宜的饼干糊，好在四毛并不挑剔，照样狼吞虎咽，让全家的菜粥越喝越稀。

当时上小学的母亲从来不做作业，所有的空余时间都守在菜场捡西瓜皮或者青菜叶，洗洗削削，制成饭桌上仅有的一碗泡菜。在粥碗里老是剩下免费的瓜皮时母亲也不太满意，不久却意外分到两角钱。外婆说往后下午不再做饭，让她和小姨放学后买两个草炉烧

17

饼——这种饼用粗面拍成，没有什么油，贴在吊炉里用稻草烘得焦黄，味道固然赶不上桶炉烤出的插酥烧饼，但比起喝不饱的稀粥，足以让母亲眉开眼笑了。

下午不再做饭的外婆把四毛捆在背上去了十五里外的月塘车站，车站边是乌黑的煤场和同样乌黑拖煤的人流。

从此她汇入了黑色的流动大军。起初车站根本不让她拉车，没有女人肯到煤堆里做苦力，况且还带着孩子。她不求人，因为恳求也不顶用。她非常卑微也非常灵敏地见缝插针，一不提防，就套上空车就拉。不管队长怎么吼叫驱赶，怎么威胁不发工钱，她就是晃着耳朵听不见，旁若无人地忙碌，让人相信除非把她杀了，否则没办法让她从煤场消失。她竟然一举得手，赚到一个吃苦头的机会。她每天往勒出血痕的肩头垫上破布，拽直板车，全身和地面倾成锐角，一步步丈量十五里弯路，丈量十五里距离折算成一块一角钱的过程。背上的四毛在外婆的喘息和如山的煤堆中沉睡，等待醒来后迎接一块也许沾着汗腥的奶糕。

她聋掉的耳朵也由此成为一件有力的武器，抵挡了许多麻烦。算命的吴神婆和裁缝老莫找上门来，动员她把四毛送给邬桥一个没有孩子的医生。两人缠着她边打手势边劝说，一个比一个理直气壮声情并茂，意思是医生的条件何等的好，你难道不想让孩子往蜜罐里跳吗？你养着有什么好呢？自己的女儿都喂不饱，再添个包袱不怕累得瘫倒？造孽哟！何况这几个月也不要你白辛苦，人家给八十块钱，掰掰指头很合算哩……

外婆始终一声不吭，要么淘米、洗衣缝、袜子，忙完后她抬起头，什么都不知道似的表情茫然，要么把煤炉扇得满屋子烟，让裁缝和神婆落荒而逃。

"算了！"裁缝在门外跺着脚说，"榆木脑袋凿不开，有她倒霉的时候。"

能让她倒霉的莫过于孩子生病。这预言应验得很快，不久四毛开始发烧，嘴边燎起一圈水泡。外婆慌忙煎菖蒲水、刮痧、喂绿豆汤，却丝毫挡不住四毛体温上蹿的势头。

"难道又要上卫生院？"她牙痛似的自言自语。两年前小女儿吃了水果铺扔的烂苹果住过卫生院，输液吃药用了二十多块，那个数字对于她几乎是一场灾难。最终她还是抱着四毛去了，带上仅有的十七块九毛钱，在去卫生院的路上又挨家挨户借了十块。过去她从不对人弯腰，为了四毛，她一遍遍面对着邻居冰凉的门槛，等待五角或者一块的同情，再低头对冰凉的门槛说，多谢。

药水输进孩子体内，体温倒是直线下降，却一直降到触手冰凉。差不多绝望的时候，她在街头撞上吴神婆。那风中芦苇的样子让神婆不忍心地做了一个手势，含意是孩子的魂出窍了，应该去采菱桥边喊一喊，说不定能招回来。这也算是栖镇流行的习俗，她并不敢寄托多少希望，头一个孩子患结核病，不是没有试过，那些哭喊是连夜风都抓不回一把的。

但她也找不出别的路可走，只能夜半抱着四毛出门碰碰运气。元宵节刚过，人群像燃过的焰火都散尽了，满街屋檐剩下幢幢灯影——绣球、麒麟、西瓜、走马灯——随风摇曳着一团团朦胧的光晕，铺在光溜溜的石板路上，把她伛偻的背影扯得忽长忽短。并不漫长的两截街，耗尽了外婆所有的力气，走到采菱桥已经彻底喊不出一个字，她就裹紧四毛嘟囔着守在桥埠下。

桥底的月亮很圆，照得天地一片白一片凉，只有她这一点黑影是热的……

（童年时代，我从母亲的回忆里零零碎碎知道外婆和四毛舅舅的故事，从此我经常连贯地做同一个梦。我梦见栖镇高拱的石桥，也梦见外婆弓起的背驮着满满一轮夕阳拉板车过桥，车上坐着一个吮手指的男孩，像是我也像是舅舅四毛。我对母亲说起这个梦，她很奇怪，你怎么可能知道？那时并没有你。是啊，我怎么知道？然而我又确实反反复复做过带一点儿咸、一点儿腥的梦，在外婆拖着板车的历史中行走。）

二

二十四年的光阴瞬间就过去了，栖镇爬满苍苔的容颜是一成不变的，流逝的只有河水和时光。镇上增添了很少的房子和很多的孩子，也包括七岁的我。父亲调到省城工作后，母亲拖着我和妹妹从县城南浦回到栖镇，带着没上学的妹妹去月塘缫丝厂上班，把我托付给外婆。

我走进外婆幽暗的阁楼，被一串古怪的笑声吓得跳起来，乌沉的板壁后似乎有神秘的眼睛。然后我看到埋在黑暗里的外婆，那样的枯瘦，手上犁出乌黑的裂纹，脸缩成一颗风干的核桃。她欣喜地把我按在少一只脚的梨木椅上，从一个根本无法看见的角落搜出半篮长生果，说是一直给我留着。

那大概是存放了半年的果仁，味道像长霉的木渣，令人作呕。她赶紧把我扔下的几粒长生果捡起来——蹿进那么暗的屋角都能找到。吃了不生病的，她强调说，四毛就很爱吃。

我依稀记得母亲说过，那一次外婆在采菱桥边撞了大运，把四毛剩下的一口气又扯了回来，此后年年都会去邬桥的菩提庵送一份香火钱，换两蓝长生果——庵堂后种的花生和杏仁，路上遇见孩子就分发一把，算是谢神还愿。长生果是家家都求过的，病急乱投医难免要找菩萨帮帮忙，病好了也得掏钱还菩萨的人情。人情还一次就算了，唯有外婆不肯间断，她坚持预防为主——不知是不是长生果的作用，舅舅和母亲她们确实不大生病——在母亲的回忆里，每到元宵节后栖镇的小孩就不约而同聚在街头，守候一把甜蜜的希望。

她会留小半篮给四毛，看着四毛得意地攒着，每天品尝几粒，可以一直吃到初夏。

这半篮长生果现在没人理睬了，至少四毛舅舅毫无兴趣，他已经从师范大学毕业留在省城实验中学任教，很少再回外婆的阁楼。

我到栖镇的那个傍晚，外婆特意买了一条白鲤鱼，捅开煤炉烧饭。袅袅炊烟引来邻居探头探脑，怀疑阁楼失火——以往这个时候她是从来不做饭的，依旧在下午四点独自用开水泡一碗剩饭，就几根酱萝卜丝。家里就剩她一张嘴，用不着再省一餐，但多年的习惯很难纠正过来。

她烧了糖醋鲤鱼，一半分给我，一半留着。第二天清晨，她兴冲冲拖着我乘船去南浦，再转长途客车，去省城给四毛送秋衣。一路上，她嘱咐我抱好装糖醋鱼的饭盒，小心鱼汤洒出来。

我们在气派的城市里拐了很多弯，终于找到更气派的实验中学单身宿舍。我的四毛舅舅已经营养充足长得枝繁叶茂，他的表情一点儿也不惊喜，有一句没一句地问我学习怎么样，完全不理那半条经过三个小时运输来的鲤鱼。外婆摸摸光亮鉴人的地砖，啧啧感叹省城的地面就是容易清扫，只是垃圾不够捡，让舅舅的眼神掠过一丝阴郁。她想起什么似的从竹篮里搬出一双新皮鞋，说是托人买的新式样，再三强迫四毛换上。舅舅招架不住，换上皮鞋勉强笑一笑，催我们去吃饭。

吃完，外婆满意地看看头发锃亮、皮鞋锃亮，上下生辉的四毛，家里还有六只鸭要喂，得赶回去。舅舅立即送我们到车站，车开了，我回头望舅舅站的地方，空的。

但外婆并不在意身后是否有一双牵挂的眼睛，我的到来填补了她一大片空寂的时光，再次让她忙碌起来，煎鸡蛋早茶，买她从未见过的玩具和字典，放学时拖板车守在门口拉我回家……一切都仿佛重复着舅舅的童年，就如同她经常对我吆喝的那样："鸡蛋吃完，四毛是从不剩下的……"或者"这笔四毛用过，好使！"

我应该像四毛一样幸福，只是很快就发现站在她的身边会招惹一些挤眉弄眼的表情——在她满脸尘垢，拿起扫把像童话里老掉牙的巫婆对我和一群孩子微笑的时候；在她撑一把烂油纸伞站在滴雨的屋檐下等我放学的时候；在她沿河岸一溜小跑，追逐水面漂着的一顶破毡帽并且粗声喊我帮忙的时候——我无一例外会听到放肆的哄笑和交头接耳的声音。我还知道她有一个日本绰号，看过电影《望乡》的孩子觉得她实在像那个褴褛潦倒的阿崎婆，同班的那些家伙在我背后就这样喊她，让我隐约听见又找不到打架的借口。

这些她都听不见，午后拉了一车煤后又赶紧给我送晚茶。栖镇有"吃晚茶"的习惯，大概因为夜饭太迟，下午四点左右要补充一次点心，学校也不例外。栖镇小学的晚茶是食堂统一做的开花馒头，又黑又冷硬如砖块，质量让外婆很是气愤。她执拗地不肯向学校交茶点费，用同样的钱买了水晶米糕、豆沙包子送到我手上。

我得意地吃着雪白的米糕，同桌的女孩素素攥着冷馒头斜眼瞟我，好像我吞下了什么捡来的脏东西。外婆送了几次晚茶后，我宁肯饿着坚决不让她再来。

多年后我才知道四毛舅舅也有过类似的经历，在积攒了太多忍无可忍的难堪后，他对外婆几乎形成了过敏般的抗拒和逃避，眉头经常像我见过的那样紧锁，让人无法想象他和外婆曾经有过的亲密——九岁那年他就会扛铁钩麻绳守在桥边，等外婆拉车过桥拽麻绳帮着扯一把。他也帮别的车夫过桥，肩头磨得一片红肿，挣几枚硬币赚得外婆高兴极了。

渐渐地一切都变了，不知是不是外婆的原因，上学后他出现了口吃的毛病，说话总想急切和人争吵辩驳，又总像故障不断的机器，在最关键的场合卡壳，把信心流失得干干净净。念到中学他不再运动嘴巴，烦躁时干脆用拳头说话。他经常打架，鼻青脸肿地捍卫他和外婆的尊严。在他十五岁那年的元旦，栖镇纸盒厂做大扫除，几个懒散的青工灵机一动喊外婆来捡垃圾纸屑，说她经过的地方比扫过还干净。废纸确实不少，外婆赶快动手，冬天的风很不配合，刮得扎好的纸片漫天飞舞，她挥舞扫把在院子里追得团团打转，逗得青工们哄然大笑。放学路过的四毛就在笑声中冲了上去，他踹翻了两个人，被另外三个人重重地扔在车床上，没听到外婆的惊叫就昏过去了。

等他睁开眼睛想爬起来时被一个医生强行按住，他挣扎着说，我只是不小心撞了一下。

"不小心撞了一下？"医生说，"你差不多躺了一天一夜。"

这次教训让他的拳头收敛了很多，然而口吃的毛病更重了，迫不得已需要说话——尤其是跟女生说话的时候，就止不住烦躁地张望一下，仿佛外婆会出其不意地闪现。

外婆对此毫无觉察，即便四毛不再帮她收拾垃圾，不再交给她一把温热的硬币，反而伸手要夹克衫要皮鞋，她也乐呵呵地答应，一如既往地在百货店的赊欠单上摁下手印，等待月底开了工钱结账。在她眼里，她的儿子依旧是坐在板车上吮着手指等候她赊来饼干的那个四毛，当年她赊了饼干要搭一句玩笑：把儿子送给你吧，抵账。

管百货店的阿七婆豁开牙笑，你的宝，谁敢要。外婆就回头刮四毛的鼻子，丑八怪，抵得一包饼干吗？

她把皮鞋递给四毛，才注意到一双愤怒的眼睛，想了半天终于明白习惯地讲了一句多余的话，儿子长大了，不再是她玩笑中可以抵账的东西。

事实上也没人肯要她的儿子，肯接过她的苦难。苦难是她心甘情愿捡来的，换不了一包饼干也很少换回什么快乐。在我印象里比较轻松的只是夜晚，她可以蜷在梨木椅上喘口气，边给我削铅笔边喃喃讲话："毛头哎，好好地读书好好地长喔，不枉我一点一滴塞着枕头呵……"

她攒下的几张存款单和零钱都塞在灰布枕头里，准备给四毛舅舅买房成家，枕头没有满，她梦还有一半是空的。

"你买了楼，还记得外婆吗？你成了家能想起外婆么？外婆将来歪倒在床头讨口水喝，你不会不端的吧……"

她唠唠的内容总是这些，我不耐烦地停下写作业的笔瞪着她。

她不好意思地笑了，凑近橘黄的灯光用铅笔刀削去漫长的时间。这些话她也一定对四毛唠叨过，算是她仅存的一点享受，把简单的愿望翻出来反复晒一晒，把做母亲的幸福和烦恼重新温习一遍，又常常被舅舅或者我不客气地打断。

她种下的愿望总有开花结果的时候，不声不响的四毛居然狠狠替她争了一口气，考上南京师范大学。入学前一天，四毛请一群同学聚会，她慷慨地掏出积蓄精心堆上满满一桌菜，边洗菜边撩起围裙擦拭混沌的泪，也擦拭她的喜悦和辛酸。那一群笑语喧哗的客人进门时，她赶紧迎上去，阁楼的门却被舅舅轻轻阖上。

她被挡在门外，抻抻油渍的衣袖似乎才明白关门的含意，有些难过地退入夜的角落。等阁楼上热火朝天的欢腾散尽，送完客人的四毛才在巷口瞟到外婆，她孤零零地蜷坐在路灯下，将他洋溢的兴奋骤然凝固。

外婆在缝一双四毛根本不会再穿的棉袜，大概还想塞进入学的行李里。巷口的灯蒙了一层淡紫色的烟，线头断了，她穿不进针眼，着急地喊四毛帮忙。四毛默默蹲下替她穿好线，瞅着她颤抖得厉害的手，忍不住别过脸，外婆没有听见一滴滚烫的东西砸在她冰凉的影子上。

（很长一段时间里，我都无法准确地形容她。她是一件给了我温暖又给了我自卑的旧棉衣？是一棵遮风挡雨最终会被小鸟遗忘的树？也许她更像一条无声灌溉我的河流，直到有一天完全干涸，化成一道深深裂开的河床永远镌刻在我心底……）

三

有一天，她突然对母亲说，想捐钱在栖镇白鹅滩修一座石桥。

外婆说这话的时候已经七十一岁，我在栖镇中学念初二。六年间，她继续为我们忙碌，我们却不在她身边，全家搬到栖镇东边永和巷，和她那间旧阁楼隔得很远。母亲多次要外婆也搬来一起住，她嫌永和巷的木楼光线太亮，离开阁楼是睡不着的，还是守着黑洞洞的一间房，清晨扫地，下午拖板车。因为母亲阻拦，外婆不再到月塘拖煤，又舍不得让板车浪费掉，便改到毛笔厂拖纸盒。

每到周末，母亲带着我和妹妹穿过整个栖镇去看望她，远远的，就看见外婆趴在窗口等我们来。我来了，外婆总是欢天喜地的，跟在我背后说很多话。她说："毛头啊，我给你的手表会跳数字的怎么不戴呢……毛头啊，学校门口的酸梅汤不干净你不要喝……"

我气急败坏地叫："我十四岁了，你还叫我毛头！"

外婆就笑了。外婆说："毛头啊……"

大约迈过七十岁，她开始像那架老板车被折腾得松松垮垮，肩膀彻夜地痛，吃了长生果和草药也不见效。外婆去了一趟菩提庵，回来对母亲说想修一座功德桥，减减病痛。

母亲说都是累出来的，今后要多休息，没必要把钞票往河上扔。况且舅舅结婚时外婆的灰布枕头全被掏空了，哪有钱修桥？要修也应该让四毛修，他娶了大学导师的女儿，日子过得非常讲究。

外婆摇摇头。是啊，我的四毛舅舅在重点中学忙得吃饭的工夫都不够，哪里顾得上修桥。要她不扫地也是不行的，一颗螺丝磨损了一辈子，骤然闲下来反而锈得更快。

要修的桥就一直暂时搁在愿望里。大约一年后，父亲带我们全家搬到省城宿舍楼。离别栖镇的前夜，我帮父亲拖了一板车蜂窝煤摆在外婆的阁楼下，母亲揭下外婆一团褴褛的床单换上新棉被，禁不住目光酸涩。只有外婆的心情不算坏，想到三个儿女都飞进了省城，她甚至有片刻的骄傲。走的时候烟雨苍茫，石板路湿淋淋的，冷清清照得见人影，一如外婆今后的时光。外婆换上浆洗得很硬的衣裳，送我们到桥埠边。

"常回来啊——"

船走出好远，她还趴在桥栏上。我们向她挥手，外婆手一动，暗红的油纸伞被刮掉了，她怔怔的不去捡，坚硬的新衣服湿得瘦下去，像没有叶子的树。

这是我最后一次见到她。

整整两年，我离开家到南浦中学住读，在两年的时间里无助地等待家庭破裂。偶尔回家，母亲也告诉我外婆到省城来过，给我捎来新鞋和钢笔，给舅舅的儿子栋栋买电动玩具。她依旧在扫地拖板车，挣来的钱一点点都送到省城里，甚至舅舅每个月抽的高级香烟都是外婆买的。因为舅妈勒令舅舅戒烟，舅舅急得走投无路，外婆知道了很不满意，她整条地买阿诗玛香烟托人寄到实验中学去。

看样子，你外婆总有一天要累死在路上。母亲无奈地说。

但她没有累死在路上，居然是倒在无事可做的日子里。谁也没料到最终是这样一个结局，尤其是栖镇小学的冯校长，对外婆的离去感到不可理喻。正是因为他的挺身而出，才给外婆争取了一个安享晚年的机会。

事情起源于一个下午，外婆拖板车过桥时，招来一群放学的小学生叽叽喳喳帮忙推车，这情景让冯校长撞见，当即予以表扬。可是外婆嶙峋伛偻的背影让校长觉得不是味道。他记得自己还是个小学生时就看见这老太太在拖车过桥了，这么多年她的儿子居然还把她扔在镇上拖车，再联想到老太太养育儿子的那些传闻，冯校长几乎义愤填膺了，决心要替外婆讨回受赡养的权利。

外婆不知道什么权利，但她也觉得气愤，主要是舅妈不许她捡垃圾，不许她用捡垃圾换来的钱给舅舅和栋栋买香烟零食，也不许舅舅和栋栋回栖镇看望她。所以当冯校长来征求意见时，她觉得是该向舅妈讨个说法。

校长马上行动起来，分别给舅舅和舅妈的单位写信施加压力，还自费到省城代表外婆跟舅舅、舅妈摊牌。双方一碰头，校长意外发现舅妈并不像想象中的嚣张蛮横。事实上，舅妈表现得相当有理有利有节：我们恰恰是最不愿意她扫地拖车的，怎么劝都不改。那么大把年纪还捡垃圾，让孩子们的脸往哪儿搁？请她来城里住她不愿意，给她寄钱她又不要，赚点钱不容易尽买香烟零食，纵容儿子孙子的坏习惯，传出去影响就更坏了，说我们不赡养还盘剥老人的血汗。不得已才痛下决心，她要是不停止扫地拖车，就不让栋栋和她见面……

"如果她停止扫地拖车呢？"校长抓住机会反问。

"我们出钱出力，让她安度晚年。"舅妈毫不犹豫地承诺。

事情圆满解决，冯校长比较满意。外婆却不满意了，她好不容易弄清是怎么回事，立刻从梨木椅子上蹦起来，我不要她的钱！我就是愿意捡垃圾拖板车，愿意儿子抽我的香烟，愿意孙子吃我买的糖葫芦……

　　然而她不会再有这些机会了，冯校长出面替外婆辞去了扫地和拖纸盒的差事，交给她一本邮政存折，每月舅舅会把生活费汇过来。剩下的日子就猛然空得让人心慌，外婆成天守着阁楼，守着一团不分日夜的昏暗，看太阳漏进的一线光从东边移到西边，手惶然地动，却不知道最终该做点什么。吃饭成了生活的主要内容，每天撒两把米煮粥，清汤寡水，把日子喝得毫无味道。

　　老这样下去也不是个事。春天来了，外婆养了几十条蚕，清晨到桑园摘几把叶喂蚕宝宝，顺便对那些光着屁股蠕动的生命絮叨絮叨。说她的四毛，也说说当年的我。她不厌其烦地反复回顾这一辈子支离破碎的内容，一个接一个的愉快，一个接一个的伤心。说多了蚕都昂起头，等着下一片桑叶，也等着外婆换点别的内容。

　　她就这样挨到初夏，看桑蚕无可挽回地吐丝，看它们源源不尽地抽干自己，埋藏自己也收殓自己。桑蚕结茧那天，母亲特地带一只猫回到栖镇。推开阁楼门，外婆垂着头靠在三条腿的椅子里，表情宁静而空洞。她已经瘦得那样轻，白发萧疏，像吐尽最后一根线，结了一个潦草的茧。

　　她就这样走了，跟谁也不打招呼。灰布枕头里留下了八千块钱，大约是全部积蓄和省下的生活费。母亲和舅舅商量后，按外婆的遗愿在白鹅滩修了一座石桥。

　　当时我们全家已经一分为二，我懵懵懂懂被父亲隔在学校。那一整天我在晨光初露的朝读声里胡思乱想，在午后的槐树下兴高采烈捡到一本杂志，在黄昏哼着歌穿过紫色的竹林。没有人，没有人告诉我，我的外婆已经不在了，我已经来不及和她做最后的告别。

　　（外婆的石桥上没有字，因为筑桥过于仓促，母亲想不出该用什么字概括外婆的一生，后来也一直想补起来。然而最终发现并没有补刻的必要。经过短暂的人来车往，白鹅滩那片河流改道，栖水转了一个弯，把桥下荒芜成一片沙砾中的芦苇。也就是说，外婆的桥变成了一座废桥。

桥依旧是无字的，但母亲不明白那其实就是外婆和她自己一生的写照：世上太多的母亲永远是子孙的桥，生命从来没有属于自己，活着为了渡人过河承担重负。一旦拿掉踩在她身上的脚步和负担，反而是卸掉了存在的意义，等于是把她丢在寂寞里彻底毁弃。我的外婆，我的母亲，我是该给你们唱一支赞歌，还是该唱一曲挽歌？）

四

三年之后我终于来了，回到栖镇，回到外婆的阁楼，作迟到的告别。这条街还有阁楼很快会从栖镇永远消失。

阳光还是一线，金灿灿的，从阁楼东边移到西边，四周静得没有呼吸。凝望着空空的梨木椅，我无语地站了很久。椅背上蟋蟀也耐心地站着，不知是否等着幼年的我来捉，或者是想告诉我什么，可我不懂。最后它被一个声音惊得倏地跳入黑暗。

我想它应该是听见了我眼泪的声音。

1.阅读文章,回答下列问题。(12分)

(1)如何理解文章题目"你是一座桥"?(4分)

_____

_____

_____

(2)如何理解"她赶紧把我扔下的几粒长生果捡起来——蹦进那么暗的屋角都能找到。吃了不生病的,她强调说,四毛就很爱吃"这两句话?(4分)

_____

_____

_____

(3)外婆为何会不辞辛劳地想为栖镇白鹅滩修一座石桥?(4分)

_____

_____

_____

2.写作训练。(60分)

读完文章后,你是否回忆起了自己身边其实也有像文中外婆一样的亲人?快来写一写你记忆中那件令你感动的事情吧。文体不限。字数:600—1000。

梨树的左边是槐树

梨树的左边是槐树，那两棵树应该是这样站在福音巷口吧？

福音巷和童年旧居的永和巷只隔着三条街，却是两个世界。在我印象里，永和巷像石桥下泛起泡沫的流水，繁嚣而拥挤，河埠边泊着密集的船和茶楼，踩着滑轮车的男孩不时从街头呼啸而过。福音巷就安静多了，路边的树站得笔直，却没有蝉声。这里大概住着好多医生或者教师，和那些树一样，都是些干净而森然的表情。

高三那一年，我转学回到栖镇，永和巷的老宅早已被卖掉，母亲就借了福音巷国生舅舅的一间阁楼住着。

分别不过几年，栖镇沿河的木楼仿佛一页页过期的日历被扯得七零八落，唯独福音巷的青砖楼厚重依旧，外墙散布着爬山虎落尽碎叶的枝条，如同经历风霜后平静的脸。两棵黝黑的树守在路口，一棵热闹地开着白花，一棵沉默着。等这一棵安静下来，另一棵才花枝招展，开的也是白花。小街比较宁静，只有青色晨曦流进天窗，鸽群呼啦啦从波涛连绵的屋顶掠过，白亮的羽毛在空气中划出金属的声响。

然后舅妈就递过一只钢精锅，让我下楼去买早点。国生舅舅是母亲的堂兄，细声细气的一个人，动作却非常慷慨，自作主张就挪出了一间阁楼，让舅妈很长一段时间都无法心平气和。母亲当时在老民生面馆卖票，舅妈见缝插针地请母亲捎带些优惠的早点。但清晨是母亲卖票最繁忙的时候，所以钢精锅就递到我手上。

出巷口经过那两棵树，再拐过街角就是老民生面馆。阳光还很淡，买早点的人流就已经涌得密不透风，连空气都浓酽得有了沉沉的分量。这里经营的品种繁多，除掉各色汤面，还有黑米粥、粢饭团、虾蓉蒸饺、江米切糕、鸡汁煎包、甜菜烧麦……

国生舅妈是那种对吃比较死板的人，按照她的计算，既营养又实惠的组合是煎包配清粥或者烧麦搭豆浆。但怎样在一只钢精锅里容纳这么多东西，并且保持足够的温度，难度不亚于解一道复杂的函数方程。烧麦是要抢准时机买的，晚了可能没得吃，而鸡汁煎包起码得排队等八分钟——这还得确保不出意外。做煎包的有时是一个很胖的女人，有时是一个很瘦的男人。胖女人效率高但是动作粗糙，往钢精锅里扔煎包像铲土，热油飞溅。瘦男人恰恰相反，喜欢在女顾客面前精益求精，等他把焦黄喷香的煎包小心翼翼地移出锅，这时先买的烧麦已经僵了。我越着急，他越得意，行动更加沉着细致。

如果撞上瘦男人，早晨非跑两趟不可。在路上磨蹭久了难免有迟到的危险，我就一边喘气一边往嘴里塞馒头，要是撞见同班那个女生，简直就是痛苦。

那个女生就住在福音巷对面，和我隔一条街道，上课也只隔一间教室。不知为什么，转学一个月后才注意到她。

"我的窗外有一棵槐树和一棵梨树，槐树的左边是梨树，梨树的右边是槐树。"转学后第一篇作文我这样写，但班主任说这是废话。他在课堂上对鲁迅先生的名篇《秋夜》——在我的后园，可以看见墙外有两株树，一株是枣树，另一株也是枣树——赞不绝口，可是我在作文里照样种上两棵树，他的眉头一下子就拧起来了。

我也拧起眉，为什么鲁迅能写我就不能写？

他一时语塞，瞪了我一阵才说："因为你不是鲁迅。"

毕竟是在教务处，我没有笑，一旁来送作业本的女生倒是撑不住笑了。从教务处出来，那个女生放慢脚步，等我走近才轻声说："其实你把那两棵树弄反了，梨树的左边是槐树，槐树的右边是梨树。"

我窘得满脸涨红，不是因为把树写反了，而是没想到她会那么好看。那时候习惯了男生女生像夏天里蓬勃而不加修剪的青草，很少见到这样一双眼睛，黑黑的，静静的，看我一眼。

仅仅一眼，世界顿时纯净得一尘不染。

我不知道该对她说什么，她也不等我说什么，轻盈地走开。

放学后，我飞快跑到校门对面的书报亭，把一瓶柠檬汽水喝的时间足够长。终于在一大群人流里，她出现了，绕过浓荫下的木槿和蔷薇，和我的距离越来越近。骄阳的温度一下子涌到我脸上，仿佛这时才意识到我其实一直在等她。

等她几乎要擦肩而过时，我准备好的招呼跑到嘴边又不由自主缩了回来，狼狈极了。幸好她没有注意到，她甚至没有注意到我的存在。

望着她的背影，我松了口气又怅然若失。

"她叫什么名字呢？"我在心里嘀咕着，"怎么会那么好看？"

觉得她好看的，显然不止我一个人。不过两天后，隔壁班一个叫方扬的男生和另一个男生把我堵在路上，毫不客气地盘问了我好一阵。

是的，她好像是住在我们那条街上，不熟，我刚搬到舅舅家不久，跟谁都不熟。电影？我从来不约人看电影。说过什么话？梨树的左边是槐树，槐树的右边是梨树……

我绕口令地重复被她纠正的作文，让两个男孩莫名其妙。

"你和苏宁就谈了这些？"陪同方扬的那个男生盯着我，眼光写满了怀疑和不屑。我没有恼怒，甚至有些兴奋，突然就知道了她的名字。

"算了。"方扬拉开他的同伴，有点儿不好意思地对我解释，"其实，我只是想知道，知道一些她的情况……明白吧。"

我当然明白。那个年龄那个季节，买东西也好，看人也好，我们的眼睛总是浮光掠影地停留在外表上。稍稍留心一下，就知道漂亮的女生总是男孩课后谈论的焦点，尤其在她面前，很多男生马上变得精神抖擞，做出自以为很帅又毫无意义的动作，或者突然深沉得不得了，对着一张课程表默默思索——我在书报亭喝汽水的时候，大概也是这样一种表情。

午后，下雨了。在楼道里正巧碰上方扬，又几乎和他同时看到苏宁从三楼下来，抱着画板，大概刚上过美术课。风揭起她手中的白纸，有两张刮落到地上。我和方扬抢上几步捡起来递给她，她犹豫了一下接过我手里的那张，纤细的指尖划过我的手心，凉凉的一种柔软。

她说了声谢谢，却没有接方扬递过的纸。等她走出好远，方扬的表情还是悻悻的，想骂人，看看她的背影又噎回去了。

我很得意，故作轻描淡写地安慰他，其实，你捡的这张纸已经脏了。他才注意到纸的反面沾了不少雨渍。

这张纸莫名其妙缩短了我和方扬的距离。他时常到福音巷来找我，复习，聊天或者散步。他不再进入正题，谈话时会自觉地把她删去，但正题总好像在我们身边打转。

他的努力没有白费，不久毕业班增添了晚自习课，下了自习课回来，我们竟意外地在巷口的梨树下发现了她。她坐在树下的石凳上，借着路灯看一本什么书，灯光折射着树叶上星光般的水滴，给她的侧影镀上一层圆润的光晕，晚风里有薰衣草的气味。

我的脸忽然发起烧来，方扬则兴奋地嘿了一声。他捅捅我，意思是过去打个招呼，也许还有早已准备好的话。但我站着没动，我不想惊扰她，更不知道该对她说些什么。

我们悄悄从槐树的阴影里绕过去，又忍不住放慢脚步回头望着她。不一会，一个斯文清瘦的中年医生远远出现在甬道尽头，疲倦地轻咳一声，也许是她的父亲，刚值夜班回来。她轻快地跑过去，接过父亲的提包，从我们左侧的槐树下经过，细微的脚步声消失在小巷深处。

自始至终，她都没有发现我们。

第二天夜晚，我们又准时在梨树下看到她，看到她等候父亲下班，在九点十分左右接过父亲的提包。一连几天都是这样。

每天差不多有七分钟的时间，我们可以远远看着她镀了光晕的侧影。方扬不止一次地捅我，让我在冲动和慌乱中徘徊，把七分钟安静地流失掉。

终于在一个星光幽暗的晚上，方扬鼓足勇气拉着我走到她身边，故意将一支钢笔扔在地上。

"哎，你们的笔。"她捡起钢笔，有些惊奇地望着我们。我有些不知所措，成竹在胸的方扬也变得有些迟钝，谁也没料到她会用那样的目光看着我们，纯粹的清澈与腼腆，让人感到这目光后面还有目光，我们不可能在她面前掩藏什么。

我和方扬不约而同地伸出手，钢笔让我抓到了，动作非常僵硬。方扬讪讪缩手，抢先说了声谢谢。事后我们不止一次为自己的表现懊悔，当时的样子一定是蠢透了。

经历过这一次，再下晚自习行动就有些犹豫。我觉得在没有变得潇洒自如以前，最好不要轻易地走近那棵梨树。可是只隔一条街道，一间教室，要想把不那么潇洒的一面完全遮住，真是一件不太容易的事。在小巷里笨手笨脚踩单车，迎面碰上她，我就歪歪扭扭，踩不成直线；两个班合起来上体育课，隔壁班的女生打羽毛球，我们班的男生围着她们跑三千米，我的鞋跑脱了一只，害怕撞上她的目光，宁可若无其事光着一只脚跑下去。当我终于在一个早晨捧着满锅油条豆浆与她狭路相逢的时候，恨不能伸出一个指头把自己从她眼前抹掉。

"以后谁要吃早点自己去买！"我回到国生舅舅家，重重撂下锅子，让舅妈莫名其妙，不明白一向小心翼翼的我为什么骤然爆发。

算了，母亲赶紧息事宁人地说："还是我顺便去买好了。"

让母亲去买毕竟是不现实的，总不能卖上几张票丢下顾客往家里跑。我只能每天起得更早，端着钢精锅跟母亲一起到面馆。面馆里橘黄的灯光像晨雾里瞌睡的眼，这个时段避开了早晨的人流，也不可能出现在她眼前。比起方扬，我还是为自己庆幸，不像他住在弄堂没有卫生间的筒子楼里，他妈妈指派他爸爸和他每天早晨轮流去公共厕所倒痰盂。有一回，他捧起痰盂哼着歌往公厕跑，不巧迎面碰上一个同班的女生，尽管不是苏宁，他也险些让痰盂罐砸到自己脚上。

再次和她接触时，秋风差不多已经凉了，校园梧桐的叶子开始纷纷扬扬地往下落，仿佛时间流动的影子。

某个周末，母亲卖票时突然昏倒，面馆经理把她送进医院又接她回家，同时委婉而坚决地要求母亲在家休息。舅妈去代劳了几天就嘀咕吃不消，每天起得那么早，夜里砌麻将的工夫都损失了。母亲为此坐卧不安，我实在怕看她自责的眼神，自告奋勇去找面馆经理通融，可不可以早晨由我顶班，让舅妈睡到八点以后再来。

头天早晨我就忙得焦头烂额，来买票的手挤得里外三层。一个叫阿根的老头偏偏递过来一把硬币，这时候最能显示卖票的基本功，母亲收硬币是从来不看的，接过来后手指飞快一拢就摸清有几角几分。我是数都数不过来，催得急了，硬币哗啦洒一片，赶紧蹲下去捡，头顶的嘲弄和抱怨吵成一锅翻滚的粥，大清早排长队人人都心急如焚。最麻烦的是，阿根坚决不肯承认我捡起的硬币是两块一角，他说你再数数，两块六角，一定的。

再数也还是两块一角，乱糟糟的刹那，蓦地回头看到此时最不想看到的那双眼睛。再看，确实是她，拿着一个饭盒，在一片嘈杂里挤到我跟前。

"有一个滚到了这里。"她说着把一枚五角硬币搁在柜台上。金黄的硬币非常干净，不知是捡的还是她从口袋里掏出来的，然后她回到队伍末尾。我满头大汗，手机械地撕着票。终于轮到她了，只是最简单的两样，一份清粥三两煎包。

我不自然地把票递给她，感激在全身翻涌又找不到措辞，问："明天，还来吗？"

她好像什么都明白，眼里有一丝笑，却没有回答我。

第二天，她还是来了。照旧在六点四十五分左右进入面馆，排队，到我跟前买票，两块四角钱。她掏出两块五角，照旧有一枚干净的硬币。我拿出一张压得非常平整的一毛钱，摊开在手掌上，再次感受到她指尖划过一道凉凉的柔软。

接下来的几分钟里，她会把清粥盛进饭盒，再取一支扎油条的竹签穿过煎包。她总是只买两份早点，或许也有一个不完整的家庭？

临走前，她还会看我一眼，是无声的再见，但始终没有说出来。

之后的早晨，内容差不多都是这样。我发现方扬有许多崭新的一毛钱夹在课本里当书签，坚决要他换给我，每天拿出一张找给她。我喜欢看她接过那么整洁的小票子时既意外又高兴的笑。我反复犹豫要不要在钱币上写一句话递给她。提起笔来，所有的话都在眼前转，又不知道哪一句能够概括。

方扬也天天到面馆约我上学，不过比苏宁差不多要晚来四十分钟，完全不知道我的手心每天被轻轻划一下的经历。我也没有告诉他，我明白这很自私，可是真的不想让他知道。

"苏宁的爸爸好像不上夜班了。"有一天他忧郁地说，他一定又去看过巷口，那里只有两棵树，梨树的左边是槐树。

"也许改成上早班了，她会换个地方出现。"我随口说，马上不自然起来，怕他窥探到我的秘密。幸好，他还沉浸在若有所失的情绪里。这家伙的表情总是不挂门帘的，所有心事一览无余摆在脸上，大概就因为这个缘故，男生们讨论苏宁时总喜欢把他捎带上。事实上，在那样的年龄，一旦面对让自己心动的女孩，男孩的表现反而总是缩手缩脚的，他和苏宁的接触并不比我复杂多少。

不久，方扬急匆匆找到我，他们班开始传闻她和一个男生的特殊关系——那么多眼睛注视着她，没有传闻是不可能的——说她每天会见到一个洁白安静的男生，真的很安静，动作很少有声音的，可是着急的时候他额上的头发像风拂过一样会动……

消息的来源据说是另一个女生瞟过她的日记。太无聊了，我瞅一眼方扬，有些愤慨，突然又暗地里激动，日记里写的会是我吗？那么好看而且优秀的一个女孩子，居然在关注着我。然后又严重地疑惑起来，我不够好看成绩也不优秀，有什么值得关注呢？真的会是我吗？

我第一次认真地照镜子，镜子里换了很多表情，往额上嘘气，头发还是纹丝不动。

很快我就发现自己的猜测有多么可笑。这一年，我的功课基础已经到了让老师不屑一顾的地步。在一个靠分数决定形象的地方，在不停做测验卷子的时候，同桌之间会互相批改比较一下分数，只有我的卷子上老是出现空白。对不在同一个跑道上的选手，大家的态度相当漠视，也可以说是宽容。

但班主任是不可能宽容的，毕竟班级排名和升学率往往要由分数最低的学生决定。会考结束，他把我唤进教务处。一进教务处偏偏又撞见她。两个女生正帮忙誊写年级考试排行榜，她在一旁报分数。

班主任指着数学成绩那一栏，请教我该如何填写。我的考分对于他简直是个羞于启齿的数字。

"要填你自己填好了。"他咬着牙说，"我都怕难为情。"

我默默拿起桌上的红笔，当真在数学一栏填上自己的考分，低头在她和班主任惊愕的目光中出去了。

夜里我对着一页页爬满符号的数学课本发呆，想要潇洒地活下去是多么不容易，我暗自感叹，不敢想象母亲压在我肩头的期望，更不敢想象苏宁当时看我的表情。

一连几天我不去面馆。唯一可以摆脱自卑的方式是偷偷写小说，在自己笔下把自己塑造得潇洒起来，面对女生满脸阳光，勇往直前，挥洒自如。第一篇小说是《女神女孩》，字里行间当然会有她的影子。

稿子寄给南京《少年文艺》后，编辑部回信说准备刊登，我和母亲激动得不得了，反复计算稿费会有多少。

"大概，会有五十块吧。"母亲狠狠心说。

会有那么多吗？我无比兴奋，同时也无比紧张，她会知道吗？

天气渐渐热起来，我收到杂志样刊和三百六十元稿费，足够母亲三个月的工资。母亲坚决不允许我继续代早班。

"再做两天吧，到月底好结账。"我说。

差不多有四个月的早晨我都错过了，居然没主动和她说上一句话，这本杂志来得正是时候。

我把那本《少年文艺》杂志夹在一叠报纸里，像平常那样接过她的两块五角钱，把一毛钱连同报纸递过去："粥很烫，报纸可以垫在饭盒下面。"

"哦。"她有些诧异地笑了，"饭盒有手柄，不会烫的。"

一刹那让我紧张得无地自容，她还是把报纸接过去了。

"谢谢！"我说。

"应该是谢谢你才对。"她轻声说。彼此又为刚才的对白笑起来。

对话就进行到这里，后面排队催促的人已经有些不耐烦。那天买煎包的队伍实在漫长，我看她漫不经心拿着报纸，低头读一张英语卡片。高考的阴影已经在不远处的夏天弥漫，所有毕业生都像她这样，能在任何零碎的时间空隙里专注下来，把考试以外的东西暂时拎出去。

买完粥和煎包，她照例望我一眼，还是无声的再见。

在煎包柜台边，我发现了递给她的报纸，大概是排队拿煎包时遗忘在柜台上了，她本来也并不需要报纸。那本杂志不动声色还夹在里面，好像什么都没发生，也的确什么都没发生。

我先是松了一口气，然后，怅惘。

稿子还得继续写。写作尽管没有带来梦想的一切，却让我发现还有一个世界可以让自己飞翔。文章渐渐发表得多了，有时一篇小说还没写完，稿子就在校园里到处流传。"哪怕你什么都学不好，至少还可以写小说。"班主任也这样勉励其他的同学。

高考结束的那个夏天，在老民生面馆的煎包柜台前排队，无意间又发现了苏宁。她还是习惯地低头看书，曾经的英语卡片换成了一本《萌芽》杂志，这期杂志在栖镇中学传阅了好久，里面有一篇我写的校园小说。

"苏宁，你好。"我轻轻打个招呼。一毕业，我也变得大方了。

"哦，你好……"她迟疑了一下，却想不起我的名字，抱歉地对我笑笑。是的，我从来没有把名字告诉过她，杂志里的那个会写小说的男生，在她印象里大概与我无关。

要不要告诉她？我想了想，这个名字已经和她错过了将近一年，不说也罢。

我端着钢精锅，和她聊着天气、考试之类的话题，走到福音巷口。

梨树下的石凳空空洒着一片寂寞的光斑，四周仿佛还若有若无地遗留着薰衣草的气息。

"梨树的左边是槐树。"我喃喃地说。

"什么左边右边？"她好奇地问。

"就是一年前你对我说的那句话。"

"一年前？那时我还不认识你呀，你不会记错吧？"她眼光里全是真实的疑问。

阳光在我眼前蓦地模糊了一刹那，这一年里我曾经那样努力地飞过，在她记忆的天空里居然没留下任何痕迹。

"也许，是我记错了。"我轻轻对自己说。

槐花落尽，两棵树在阳光下陪我们站着，青涩的小梨藏在枝叶下探头探脑。左边没有果实的槐树，叶子已经绿得很深很浓了。

▶预测演练三

1.阅读文章，回答下列问题。（12分）

（1）将"梨树的左边是槐树，那两棵树应该是这样站在福音巷口吧？"一句作为文章首段有何作用？（4分）

_____

_____

_____

（2）文章第2～4段的环境描写有何作用？（4分）

_____

_____

_____

（3）本文最后一段是全文的点睛之笔，请分析其妙处所在。（4分）

_____

_____

_____

2.写作训练。（60分）

友谊为我们的童年增添了色彩，它让我们不再孤独。我们每个人都会在童年时期结交属于自己的朋友，有悲伤也有快乐。当然，朋友可以是同学，也可以是家里的小宠物，又或是课桌上的台灯……

写一写你记忆中童年时期与朋友发生的那些有趣的事情吧。文体不限。字数：600—1000。

生如夏花

夏天无法寂寞，一切都是浓烈的。梧桐绿得更加深沉，阳光更加耀眼。空气也不再平淡，蝉的歌声在汗珠和金色的光芒中穿行，单调而纯净，像一位歌手的自言自语：我在这里啊，就在这里啊……

听完朴树的《生如夏花》，我不禁想到蝉和朴树怀着同样的感伤。蝉鸣一夏，惊鸿一瞥，绚丽只有瞬间，却要太久的努力才能换得，寂灭又来得过于容易。

就在那年初夏，林东走进树林后，也许只有振翅高歌的蝉看到，一朵花没有完全盛开就刹那凋零的过程。

大约十年前，栖镇中学的风景还非常单纯。古老的教学楼、图书馆、紫藤长廊和高大的法国梧桐沿着一条挺直的大道对称地排在两边，没有阳光照不到的地方。

1990 年，我转学回到这里。我曾经在栖镇念过小学和初中，时隔三年周转了三个地方，先迁到省城，不久去县二中念高一，其后到苏州休学，绕了一圈又转到栖镇中学。

进校的时候正是夏天的尾巴，青蒿和茵草在操场、跑道和墙砖间肆无忌惮地蔓延，让人很不习惯这种无组织无纪律的茂盛，所以入学第一课就是集体拔草。男生女生界线分明地划开地盘，把操场和道路重新整理成灰黑的庄严模样。无法约束的只有界墙外的一片树林，有合欢、冷杉、木槿、香樟，还有一些不知名却同样繁盛的草木，花枝招展的——春天浓缩大量的色彩，夏天释放大量的蝉声。

树林里最多的是合欢和冷杉，纤柔华丽、冷峻沉默，近似女生男生青春的表情。秋天的风还比较热闹温馨，却挡不住枫树和梧桐一片片蜕得满眼灿烂。女生套着色感明快的毛衣经常三五成群走进树林，不成群的男生手插在口袋里，装作若无其事远远跟在后面。

比起教室里令人窒息的空气，我们更愿意在漏满光斑的树下看书、听音乐或者吹口哨。蝉声在秋天有些三心二意，男孩女孩偶尔隔着树叶彼此匆匆一瞥，心领神会又互不理睬。

除了蝉声和落叶，这里几乎没有多余的响动，大家都在忙。自习室老化的灯管嗡嗡作响，照着一片白炽下的奋笔疾书，演算纸和试卷唰唰掀动的声音，把夜晚也一掀而过。晚自习结束的铃声骤然响起，每个人照旧充耳不闻，继续为一个触手可及的梦想奋斗。

这种时候，我常常心不在焉地张望，别人可以摸到的梦想离我已经很远。班主任刘和清先生当时就坚决不同意我转到高三年级，说高二休了一年学，怎么可以跳级？按他的安排我应该重新念高一，可是母亲离异后日子惨淡，让我从头再来实在力不从心。我还是读了高三，失去目标的视线永远是游移不定的，看黑板上我不可能懂的字母和符号，看一个女生悄悄撕掉同桌笔记快意的表情，看窗外一辆摩托从校长身边掠过，橙色尾灯后溅起一片泥浆，校长皱起眉，并非为裤腿上的泥点，而是为摩托上男孩飘扬的长发……

六月三日下午最后一节自习课后，我就这样远远看见林东低头走进树林。起风了，几瓣晚开的桐花与合欢花簌簌落过他的背影。一朵花站在他头上，随一绺乱发抖动，逗得我无声笑了一下。我接着填一张怎么也做不完的英语试卷，所以笑过之后没有喊他回来。

现在我常常后悔为什么没有喊他一声。

那一阵他其实已经有些反常，脸莫名其妙地发白。在食堂排长队买到冰凉的菜居然是没给盐的，大家集体声讨，愤慨极了，唯独他闷闷地咽下去。问他菜的味道如何，他一脸茫然，仿佛完全不知道刚才吃了些什么。排队灌开水，他怔怔地任沸水溢出热水瓶，烫得身后的同学触电般跳起来。他和我同桌，英语背了一半，在不可能停顿的地方突然刹住，自言自语："那以后呢……"

我问他，以后什么呢？他回过神来，赶紧把眼光移回课本。

我没有警觉，甚至没有片刻惊诧。临近高考，都在题山卷海里挣扎，反常的人层出不穷。每天坚持只睡四个小时的女生谌希，突然看见逗号就心慌，测验时急得直哭。男生小谢下课后在教室门口愣了半天，差不多有一刻钟他记不起回宿舍的路……预考前谁的成绩猛涨猛跌都会让大家心律不齐，没有谁能顾及考试和分数以外的世界。全班一半人的目标大概都对准了林东，试图超越他的分数——把他当作目标几乎成了大家的一种习惯，但谁也没料到冲刺前最后一步，这个目标会骤然消失。

差不多从九岁开始吧，他就成为别人追赶的目标了。

他是我母亲堂兄秋禾舅舅的孩子，和我一起在栖镇长大。我应该叫他表哥，十一岁之前一直叫他大弟弟，尽管他比我大三个月，但身高只有我九岁的规模。有好些年，我小得不能再穿的衣服母亲从来没有浪费掉，秋禾舅舅拎回去洗一洗缝一缝再让林东继续穿。

初中毕业，他的身高追上了我，却依旧穿我十三岁穿过的夹克衫。有一年春节，母亲塞给秋禾舅舅五十块钱，叮嘱给东东添一套衣服，那套应该穿上的新衣服却始终没有出现。母亲提醒了一次，舅舅默不作声，回过头叫舅妈送了几提盒豆腐干过来。

秋禾舅舅在杜和豆腐坊做卤汁豆腐干，手艺精良，豆腐干做得味浓汁甜，嚼起来清香醇厚，邬桥月塘远近各镇的人都来定做，收入不算少，日子却始终滋润不起来。舅妈患有痰症和胃病，这两种毛病相互协作患难与共，是顽固透顶的。秋禾舅舅挣来的钱在药罐里过滤一遍，再统统变成药渣子泼在门口。

那些豆腐干让母亲十分尴尬。秋禾舅舅有作坊师傅的骄傲，一块钱的恩惠就用一块钱的豆腐干抵偿。他连夜赶做了两屉，舅妈冒着风雪往返两趟，行动蹒跚，进屋哆嗦半天说不出话。

在这样的家庭，可以想象除了吃饭和买药，别的东西秋禾舅舅会毫不犹豫替林东省略掉，包括游戏和假期。栖镇的童年，我们能把最简单的日子折腾得丰富多彩，比如打玻璃珠、拍香烟壳、用竹弓套上螺蛳壳射水鸟、捣松脂粘梧桐叶下的蝉蜕……我们经常踩滑轮车从林东窗前呼啸而过，却从来没有撞见过他。

他不在我们的世界里。大约从七岁开始。林东就在如意茶馆做小弟。小弟不是茶馆的小工，没有固定的上班时间，也没有工资，一般由伶俐的小孩在茶馆里帮顾客跑腿——上老虎灶添开水、替人买包香烟，到小饭庄喊几碗面或者叉烧包……有什么需求吆喝一声，这边一声答应，一溜小跑，靠眼明手快挣几个硬币的小费。

他这个小弟比较招人喜欢，机灵勤快。迟钝一点儿的小孩帮忙叫一碗面也会漏洞百出，面浇头要三鲜的叫来大排，宽汤缩成紧汤，嘱咐免青的偏偏撒了葱花，让茶客的表情里像掺了酱油。类似的低级错误绝不会出现在林东身上，他还自学了一手倒茶续水的功夫——关公巡城、韩信点兵、苏秦背剑、凤凰三点头，玩杂耍般一套一套的。有人避开堂倌故意喊他倒茶，看九岁的孩子踏上板凳拎一把铜嘴二尺多长的水壶，左手拇指食指掀起杯盖，右手微微一抬，一截开水嗖地窜入茶杯，搅动杯底的茶叶、菊花、龙眼，不满不溢，滴水不漏。

他低着头，动作绝不拖泥带水，绝无时间和气力的丝毫浪费，如同在橙红色的火光中从容舞蹈，让旁观的朱校长也看直了眼。

栖镇中学的朱校长是唯一免费的茶客，他把成批的学生输送到北京上海读大学，芬芳桃李，泽及四方，到处有人争着付茶资。他喜欢上茶馆叫一壶雨前，一局残棋消长夏，他大概在栖镇找不到像样的对手。对弈之前，首先往棋盘边搁一支锃亮的铱金笔，按规矩，谁能逼得他动用左侧的车马炮就可大大方方把笔取走，这支笔竟然一直没有输出去。

学美术的小章老师年轻气盛，有一回主动攻擂，不过十几步，就拆东墙补西墙，手忙脚乱的。林东忍不住出声支了两招——跑打双车，飞象拱卒！他一连看了几个周末，发现朱校长对付臭棋篓子差不多是同一种下法，预先找准了破绽。校长满不在乎地应对，猛地发现左侧形势不妙，再不跳马对方的过河卒子已直捣城下。啪！

朱校长懊恼地把棋子重重一拍。

傍晚，校长找到秋禾舅舅家里，看到这个绊得他马失前蹄的男孩正凑在灯下缝草稿本，所谓的草稿全是从街头捡来的香烟纸。朱校长把钢笔端端正正插在林东胸前，说天将降大任于斯人也，当真是要苦其心志，劳其筋骨啊……

这一年他不过读小学三年级，居然让一街男孩佩服极了。不明白他的勤奋都耗在茶馆里，怎么成绩还老是遥遥领先。他那一手倒茶的功夫没人学得会，西街的老鹰十五岁了，在家里练苏秦背剑，一连摔碎两个瓷壶，急得他的老娘跳起脚骂人。

也就是从这时起，林东在老师眼里成了比较标准的模范学生，埋怨阿宝笨蛋，批评老鹰表现差，或者勉励我们学习天天进步，千篇一律是要以林东为参照的。

升到小学五年级，他不再到茶馆当小弟了——他已经评为全市十佳三好学生、少先队优秀大队长——再让大队长一路小跑买香烟喊排骨面似乎也是有点儿过分。离开以后，茶馆里每天总有人想着他。老白说这小崽是有点儿鬼，堂倌要练两年的续水功夫，他瞟两眼就像模像样了。

倒茶算什么呢？裁缝老莫说他能参加市里数学奥赛，获得第二名，乖乖，全市第二，放在戏台上大小也是个榜眼……

是的，是的，吃茶的董哥也附和，听说他在市里捡到过一只西铁城手表，他硬是守到失主，事情都上了报纸……

他获得第二名被《教育报》报道确有其事，名字和照片夹在所有获奖者中间，手表的事迹通讯里没提，不知是否属于茶客的即兴发挥。无论如何，一个小孩的名字能上报纸，在栖镇就不能不说是填补了一项历史空白。

他那时还偶尔流露一些顽皮：给女生取外号；用两角九分钱买七种姜糖搅得吴跛子算不清东西南北，趁机多吃多占……他玩这些游戏所露出又坏又天真的笑容和我们没有两样，渐渐获得的荣誉和期望让他的表情越来越自觉，坏和天真同时丧失。

他最后一次玩恶作剧大约是小学毕业，秋禾舅舅打算让林东辍学到豆腐坊学做帮手——十几岁正好学技术还提前赚钞票，再放到中学闲着真是浪费了。他犟着不去，亲戚邻居包括老师七嘴八舌上门帮忙，但秋禾舅舅瞪起眼一副刀枪不入的样子。他万般无奈，磨磨蹭蹭进了豆腐坊，磨浆配料，一招一式由着父亲指点，规规矩矩的，毫无创新的可能，催得急了，往豆浆里点卤水慷慨得像倒茶，糟蹋成桶的豆浆，心疼得老板杜和的五官紧急集合了好几回。

他就这样不战而胜上了中学，给自己赢得一个更宽的舞台。在一个分数代表一切的地方，理所当然要继续发挥模范作用，更何况他并不是只有分数。他曾经连续十几天省下早餐钱，给缴不起资料费的同学雪中送炭，也曾经带领学生干部到老师家里运煤洗衣，把老师解放出来辅导差生……哪一件都值得老师热情肯定，值得校长一次次号召我们向他学习，以至于我们写作文只要列举林东的事例就能混到一个不错的分数。

奇怪的是，他常常有些鹤立鸡群的孤单。他和我还算亲近，也只是尽到表哥的职责。面对谢光荣那帮家伙，我可以嘲笑他们写给女生的纸条狗屁不通，可以找个角落帮忙把纸条上的病句改掉。和林东在一起就不行，只能像模像样讨论作文和英语，只能赞同他征求学习计划的意见，如同面对老师，谈话之间总有僵硬的停顿，让窗外的蝉声反复插进来叫个不停。

整整三年，大家都有笼罩在辉煌下的憋闷。也许因为他，我们很多一闪而过的光芒失去了耀眼的可能，尽管评选三好学生我们仍然不假思索投林东一票，但那更多是出于一种习惯。

他大概也习惯了这样一个派定了的角色，习惯了模范的荣耀与苦恼，别人执勤不干的脏活，他得义无反顾地抢着干。教室要换灯管，所有目光都射向他。他的习题不能出错，休息日不能留给自己，为了班级的荣誉，就得主动辅导差生，还要表现得无怨无悔。

他就这样一直坚持到我离开栖镇。

在我因病休学倒霉不断的日子里，林东一如既往显得前途无量，不过也错过了两次机会。

先是全省重点实验中学的马主任对他的中考成绩单爱不释手，积极挖他到市里读实验中学。秋禾舅舅粗略一算实验中学的学费和生活费，直摇头，话都懒得说了。

不久中国科技大学在重点中学招考少年班，实验中学专门划了一个报考名额分给栖镇中学，这就意味着可以省下两年夜以继日的奋斗提前冲刺，提前预支大学生的辉煌。尽管学校安排了一场选拔测验，报名的居然不足十个人，失去悬念的结果总会失去别人参与的热情。然而结果出乎意料，学校公布报考科大少年班的人选却不是林东，是四班的女生王琦。原因很简单，两个人测验分数完全一样，而学校只能选择其中的一个。至于为什么是他落选，隐约和王琦的叔叔有关。

我不知道那一刻他是否有过委屈和眼泪，但猜想他应该不会让一滴泪当众滚下来，甚至可能带领同学们鼓掌。班主任肯定会照例称赞他发扬了模范风格，并且信心满满预测两年后他会上更好的大学。在想象中，我也能听见他当时艰难地吞了一口唾沫，声音仿佛坚硬的石子堕入深井，敲出空洞的一响。

而王琦最终也没有考上科大少年班，等于间接浪费了林东的两年光阴。七百个日夜随便地送走也不容易，秋禾舅舅手头总是拮据，物价年年飞涨，学杂费用就有点儿麻烦。

我转回栖镇中学前夕，母亲特地为林东找了一份课余的工作，每周抽四个夜晚到邬桥印染厂的于厂长家里做家教。厂长八岁的女儿因为残疾需要一个成绩优秀的家庭辅导员，做这种辅导他得心应手，收入也不错。他轻松做了四个月，常常吹着口哨在通往月塘三公里的路上来回。他只是没想到某个周末推小女孩上街会撞见政治老师。很快，校园里传开了他利用课余辅导残疾儿童的事迹，县文化局一个叫江流的记者兴冲冲找到栖镇中学，声称要给林东写报告文学。他犹豫一阵，在记者的一再追问和校长的鼓励下，把传说中的事迹又复述了一遍，这让江记者心潮起伏满意极了。不知有意还是无意，他省略了赚学费这个细节。事后，拿来六百块钱让我捎给母亲，说是托母亲退给于厂长。

我眨着眼，觉得一向成熟的他简直认真得有些幼稚。我说："这不是你辛苦赚来的吗？"他尴尬地搓着手，似乎想解释什么，欲言又止。

我也没有再问下去，也许走到这一步，他已经像不允许辜负观众期望的演员，没有卸妆和谢幕的勇气。

春天一到，七月的影子开始罩在每个人心上。教室黑板上出现高考倒计时的时候，毕业班的同学不再越过界墙向树林走去，几百米的路程和时间都尽量挤给课本，让如雪的合欢花只为我一个人开放。

初夏，青青的小梨开始在叶底探头探脑。班主任刘先生已经胸有成竹，可以喘口气对重点培养对象突击辅导，夜自习结束后带林东和叶小羽到教研室单独增加课时。辅导完毕，刘先生放心地把教研室钥匙留给林东，在那里继续完成作业。

叶小羽是个名字和外表平淡得让人过眼即忘的女孩，林东面对任何女孩都保持沉默的礼貌，没有谁会对这两个人有意外的联想，但意外还是发生了。五月的一个夜晚，下雨了。刘先生留下钥匙按时离去。林东面前洁白的笔记本上突然发出了雨点滴落的声响，他流了鼻血，血来得毫无预兆，一滴滴血鲜花般溅在练习本上。

叶小羽吓坏了，赶紧掏手绢替他止血。费了好大劲，血终于止住了。女孩的温暖的手还停留在他额前，让他满脸涨红。他深深吸口气，那只手回过神来惊慌地缩回去。也许因为过度紧张压抑后的骤然失控，也许是女孩柔软的眼光触动了他掩藏已久的坏和天真，也许什么也不为，仅是一时心血来潮，他猛地抓住小羽的手笨拙地吻了一下……

叶小羽短促的一声惊叫，把他唤醒。刘先生却突然推门而入，显然还不知道事情的起因，却正好看见这一幕。班主任简直反应不过来，怔怔地瞪着两个同样惊呆了的学生。

他和叶小羽都没有注意到刘先生将随身携带的茶杯遗忘在办公桌上。

第二天，三个人再在教室里见面，眼睛都陷了进去。刘先生没提那件事，眼神中也没有他预想的警告、怀疑、失望以及别的内容，事实上刘先生的目光几乎没在他身上停顿。熬到夜自习结束，先生独自走了，不再让学生进教研室，除此之外，也算风平浪静。

他和叶小羽却迅速憔悴了。尤其是他，惶惶如惊弓之鸟，刘先生的一举一动都令他联想到灾难的降临，时而自言自语："以后呢？以后……"他不断替自己设计各种噩梦的结局。

我最后一次听他讲话是六月二日下午，他将借去的一件白衬衣还给我，衬衣洗得非常洁净。

我说不用还，送给你好了。他闷闷地摇头道谢，然后向树林走去。我被一段老是记不住的英语绊着，没有意识到要问他一句去树林里干什么，看到一朵合欢落在他头上甚至还笑了笑。

夜里他没有回宿舍，次日也没来上课，我们才感到不对劲。等找到时，他已经永远没有以后了——

我们围在他身旁，无人打破死水般的寂静。刘先生伸出手想抹掉东东脸上的泥点，突然坐在泥地里呜呜哭了。在他心里，原本就没有打算将无意看到的那一幕说出来，只是想不到林东会这样脆弱，多么漫长清苦的日子都熬过来了，竟然熬不过最后一段原本会是很平静的时光。

而今，我时常回想起那年初夏的花和表哥林东的死亡。不明白为什么一个不值得大惊小怪的冲动，会让他不算娇柔的生命戛然而止。或许他是习惯让自己成为老师和同学眼里完美的学生，不敢想象一旦这个形象丧失后，会招来多大的嘲笑和耻辱。我想，他的死绝非是忏悔于一时的错误，而是不敢丧失永久的楷模形象。如果他能活到中年，再回忆那一刻的冲动，脸上大约只会浮起一丝好笑而恬淡的表情。命运是何等残酷，仅仅因为一个仓促而错误的念头，便将他从人生里程匆匆逐出，一去已逾十年。

那片树林后来被全校学生冷落了，也许是怕触动什么。春天来了。夏天也来了。合欢花和桐花寂寞地开着，落着，偶尔会有几只蝉唱着来不及谱曲的歌声。

▶预测演练四

1. 阅读文章，回答下列问题。（12分）

（1）文章主要讲述的是林东的故事，作者为何会从"我"写起，又以"我"讲述？（4分）

_____

_____

_____

（2）作者在讲述林东的童年时，为什么说"他不在我们的世界里"？（4分）

_____

_____

_____

（3）文章最后一段有何作用？（4分）

_____

_____

_____

2. 写作训练。（60分）

你的校园生活是如何度过的？上学期间，你是否也有过令你记忆深刻或是感触颇深的事情？快来动笔记录下来吧。文体不限，字数：600—1000。

试卷作家
美文赏析

星星还在北方

> 　　星星发亮是为了让每个人在某一天能找到属于自己的星星。或许你的那颗星星并不是夜空中最大、最耀眼的，但它是属于你的，也是最独特的。

　　那颗星星，在秋天月缺的夜里，是西北第二十一颗，在没有月光的夏夜则是西北第四十一颗。母亲说四年前有一颗流星划破天穹落下去了，地上的一个生命也随之消逝。第二天在流星闪现的位置又眨着一粒小星星，与此同时妹妹哭哭啼啼来到世间，所以……

　　"那颗星就是我妹妹，"我对母亲说，"如果它成了流星，是不是等于妹妹就不在了？"

　　母亲的眼神黯淡下来，说："不会，它是越来越亮，不会落的。"

　　说这话的时候我大约六岁，妹妹是四岁，八年又过去了，那颗秋夜第二十一颗或夏夜第四十一颗的星并没有越来越亮，也没有化作流星，还是一成不变地挂在北方。事实上在母亲心里，那颗星倒是随时有可能流逝掉。因为从四岁起，妹妹就老是吃药，吃得连声音都纤纤细细的，身高也增长得特别缓慢，如同她上学后每回考试的分数老是固定在一百左右，完全没有进一步发展的空间。邻家女孩罗罗七岁时穿过的裤子，九岁的妹妹套进去还得缩起裤脚。母亲为此急不可耐，每回妹妹吃饭就严阵以待，骨头汤和红烧肉外加威胁恫吓左右开弓。那时候每餐必备鱼肉蛋奶，虽然比较脱离实际，但母亲横下一条心，彩电和衣服都不肯添置，几个钱全吃了肉，恨不能把妹妹变成气球，眨个眼就吹得圆圆满满。

妹妹吃饭的习惯还特别可笑，每回只撿一粒米饭细细地嚼，决不猛吞一口，紧急情况下她的筷子仿佛高速运输的机械，就是不能同时吃两粒。母亲经常恨铁不成钢地说，"你一定是小鸡变的"。

有一段时间，母亲怀疑妹妹发育迟缓是药物起了副作用，然而药又是不能不吃的，妹妹的胃不太好，还患有慢性血液病。权衡利弊之后母亲决定把胃药裁掉，改喝一种叫"海宝贝"的偏方。那是一种类似海蜇白白软软的东西，养在水里，兑点冰糖，"海宝贝"会神奇地渐渐长厚，还能把冰糖水变得极酸。

每天早晚妹妹就捏着鼻子咕嘟咕嘟灌酸水，这比她吃肉慷慨得多，大概母亲哄她这是长高的药，她对高度实在是太渴望了。

时间一点点过去，"海宝贝"增长了几层，妹妹的"海拔"还是那么高，胃口也没有扩大的迹象，酸水唯一的作用是酸蚀了她的两颗牙，而且让她对零食特别上瘾，有事没事总往春草堂跑。

春草堂在栖镇槐荫巷口，拐过几栋陈列青瓷竹器、兔子灯和百泉米酒的木楼，穿两道桥，爬三十级黝黑洁净的石阶，就看见春草堂前两颗浓荫匝地的银杏。堂内左边一面墙的小格木柜卖中药，右边一半便是零食店。右边阳光特别亮，透过银杏叶明晃晃镀在几排玻璃橱柜上，什么松仁云片、山楂蜜钱、檀香橄榄、水果冰和盐金枣……甘草香味波及老远。

妹妹最喜欢春草堂的老板娘，白白胖胖，一团和气，总是坐在柜台后吃东西。她不怎么理会男孩，看到妹妹就笑眯眯地伸出戴岫玉戒指的手，手心要么是一小撮陈皮话梅，要么是山楂片。欢迎免费品尝，她也陪着吃，一粒话梅可以吃一个上午。

妹妹的话梅吃不了一个上午，便开始打零用钱的主意。我们家固定的零用钱没有，无非是母亲做完大扫除清理出罐头盒旧报纸之类的杂物，统统由我卖给废品站，换一把硬币在兜里得意地响。妹妹看得眼红，也抢着要卖废品。她当然抢不过我，母亲也不允许那么瘦的豆芽菜顶一口破铁锅往废品站跑。

妹妹情急之下干脆自己制造废品，例如把用过的练习簿交给老板娘换两粒盐金枣，或者偷偷倒掉父亲没喝完的五加皮酒，拿空酒瓶换一袋甜桃板。因为这个原因，她的作业总是做得飞快，而且知错不改，让老师罚了重写，赶快把练习簿用完。

那一年我在栖镇中学念初二，妹妹在栖镇小学念六年级，中学小学共用一个操场。我发现她吃零食居然有人上门服务，做过课间操会准时冒出一个比妹妹整整高出一头的女孩，递过一包津津有味的玩意。女孩好像叫阿香，比妹妹大两三岁，是开熏烧豆腐店的杜和从乡下雇来帮工的表妹。阿香在乡下没念到六年级，使劲缠着妹妹借复习书看，她攒了一点儿花花绿绿的工钱也让妹妹羡慕极了，所以俩人一拍即合，再也散不开。

不久老板娘来讨赊欠的零食帐，母亲从妹妹床下扫出一堆橄榄话梅核，不禁大为光火。当时正值在省城工作的父亲周末定期要回栖镇和母亲闹离婚，母亲的脸色终日压抑着乌云，任何一线星星之火都足以把她的情绪彻底燎原。更让人不安的是，母亲紧接着发现放钱的抽屉里少了一张十元的钞票，她理所当然向妹妹怒吼起来。

妹妹也理所当然地哭了，边哭边争辩，零食账是赊欠过但钱没有偷，而母亲咬定赊账就会偷钱还债。等到妹妹发觉没有办法把擅自吃掉的话梅和那十块钱撇清时，无助的眼光就转向了我。

我闷声看窗边一只艰难跋涉的蚂蚁，要下雨了，手心闷出了汗。

我非常清楚谁动了那张钞票。前天上午，同桌老谢——我们班上四个亲密的家伙彼此老胡老韩地乱叫，他们喊我老林，谢光荣当然就是老谢——和女生吴美玲吵架，起因是吴美玲从练习簿里抖出了一张漫画，漫画把她那双眼睛描绘得十分夸张。吴美玲的眼睛又大又亮，夸张一点儿她没意见，问题是连眼角一颗不明显的痣也夸张上去了。吴美玲一口咬定是老谢干的勾当，因为老谢多次装作轻描淡写地瞄她，才有机会发现那颗痣。老谢坚决否认。老谢嬉皮笑脸地说你不看我怎么知道我在看你？

吴美玲就骂老谢耍流氓，跟她抱成一团的唐冰也来声援。吵着吵着，吴美铃捏起漫画纸丢到老谢脸上。老谢失手一推，吴美玲惊叫一声突然趴倒在课桌上放声大哭，谁也劝不住。可怕的是她的裤腿竟然渗出血来，吓得老谢课也不敢上落荒而逃。

班主任于太婆居然也没追究老谢的责任，只说是小孩长大后常有的事，让大家不要问。老谢虚惊一场后把我们召集在小池塘边，主动提议要请吴美玲看电影道歉，说这就叫约会，一副什么都懂的样子。我和老胡老韩说你敢约她？敢约我们就去。

这家伙虚张声势地去了。满以为他准变成落水狗，谁知却兴冲冲跑回来，悄声喊她们都同意了，一共四个女生，电影票和零食我们买，每人四块钱。

我和老胡老韩都傻了，谁也没有维护面子的四块钱。老谢有，老谢得意地说明天星期六，中午不见不散。

家里的废品早卖光了，口袋里只剩七角钱。我想把一整套《三国演义》连环画卖给保林，那可是我攒了一年零用钱换来的，价值九块多，可找到保林却发现他正在翻看刚买的《三国演义》。

黄昏将近，我只好找借口向母亲讨四块钱。母亲不在卧室里，五斗橱抽屉半开着，斜斜一道阳光射向那张十块的钞票。我的呼吸顿时屏住，体内的血哗啦全涌到脸上。

那十块钱我用了四块，借了四块给老韩。花钱的过程简单得要命：我们等在西陵桥边，瞅见四个女生来了马上朝银都电影院走，吴美玲她们远远跟在后面，没有讲话。看电影时女生坐前排，我们坐后排，看了些什么毫无印象，不知散场后情节会如何发展。散场后，女生们聚到路边喝果汁露。等她们喝完，我们凑钱给老谢去付账，没有说再见就结束了——如果不是约会，每天下课倒有讲不完的话。

剩余的两块钱我也不敢还回去。当时母亲在缫丝厂每月挣不到五十块钱，失去这张钞票差不多就损失了一星期的财富，因此母亲质问妹妹时，愤怒下面几乎潜伏了泪光。但最终也没有问出个所以然。

父亲回到栖镇，开门见山就和母亲僵持起来，转移了母亲的斗争矛头。

那天母亲没有做晚饭。我和妹妹趴在小卧室的台灯下做作业。每到周末我和妹妹总是反复不停地演算课本上所有的习题，只有这样，才不至于陷入无事可做的惶恐中。妹妹边做作业边啃饼干，细碎干涩的声响像老鼠在偷嘴。她想喝水，我也想，但我们都不敢到客厅去取开水瓶，我们已经学会根据父母的脸色决定自己是该撒谎还是拼命干家务，抑或装得可怜巴巴——总之一举一动都得谨慎敏捷，才能尽量避免风暴转移到自己头上。

客厅里还是那一套程序，母亲喋喋不休地诉苦并刻薄挖苦父亲，等父亲拍桌子。暴雨之后进入拉锯战，无非是提无法满足的要求，偶尔也计较家里的财产哪一件归自己，提醒对方不要妄想。为离婚，父母已经开战一年多，经历了亲友与法院的反复调解，都积累了刁难对手的经验，谁也占不到上风。那天不知怎么，母亲将战火烧到子女的抚养权上，也许是对妹妹余怒未消，她提出离异后要我的抚养权，父亲立即反击也坚持要儿子传宗接代。声浪越吵越高，妹妹就像皮球一样踢来踢去，谁也不肯要。

妹妹边听边做作业，铅笔尖"叭"的一声断了，她趴在桌上，瘦得不成形的肩膀剧烈地抖动起来。这一天她哭得太多了，声音都哭丢了，再抬起头，脸上只有两条毫无光亮的湿痕。

星期一，父亲没有照常上班，有点儿打持久战的意思。上学时妹妹往书包里使劲塞一件运动服，鼓鼓囊囊，填不进去。我不耐烦地催，塞衣服干什么，要迟到了！她又低头擦起了眼睛，含含糊糊说反正他们都不要我……后面的话没听清楚，老韩在门外一迭连声喊老林，喊得父亲火冒三丈。

下午放学，我无聊地挤在街头玩气枪射火靶，一千多米的距离磨蹭到傍晚才回到家。母亲蹲在河埠边洗菜，怔怔地盯着一棵芹菜漂出老远。

到喝"海宝贝"的时间，妹妹没有回来，母亲派我上街去找。我把那一千多米又跑了两个来回，春草堂前没有女孩，跳橡皮筋和踢毽子的女孩堆里也没有那棵扎眼的豆芽菜——也就是说妹妹突然从我眼前消失了。早晨说了一半的话突然闪到耳边，我的心像颗石子坠下去，没有底。

回家吞吞吐吐没讲完，父亲的脸就黑了，母亲则苍白如纸，喊着妹妹的名字就往学校跑。她跑得飞快，我摔了两跤都没追上，一路上只追到她断断续续的哭喊声。

赶到校园，天已经完全黑了。母亲使劲拍打六年级教室的玻璃窗，呼喊妹妹的名字，里面只锁着一片漆黑的沉寂。她转身冲上教师宿舍楼，敲开妹妹班主任的门，一把抓住老师的手，连声追问妹妹是不是写错作业被留在了学校。母亲抓得那样紧，老师的手腕都被掐破了。妹妹的班主任小吕脸嫩得像苹果，她疼得短促地惊叫了一下。老师问明了情况，也不知所措，说妹妹白天根本就没来上学，她刚准备去家访的。母亲一下子瘫坐在地上，我和小吕老师一边一个还搀不起她。

父亲骑自行车随后追上来，看看情景也慌了神。在这种情况下，他和母亲的争吵也是无孔不入。他鼓起眼珠对母亲吼："哭！只晓得哭！还不快去找！"

母亲像熄了片刻又轰然作响的鞭炮，蹦起来把父亲的脸抓出一道血痕，咒骂父亲不负责任、全无心肝，要是不闹离婚，妹妹怎么可能失踪？

父亲第一次没有反击，顾不上满脸狼狈请来校长老师们帮忙寻找。于是，闻声而来的邻居和老师们亮起几十支手电筒，在校旁、街头、河边、田野、树林里翻天覆地搜索。妹妹的名字一时在栖镇此起彼伏，在高低软硬各色嗓音里，母亲的呼喊是无法淹没的。她弓着腰，手撑在腿上，全身的劲逼到嗓子里扯出来，撕裂着黑沉沉的夜。

找到午夜，人都被焦虑和失望折腾得东倒西歪了，妹妹依旧不见踪影。校长决定上栖镇派出所找民警协助搜寻，劝大家暂且回家。母亲守在镇外的河滩边不肯回去，她似乎相信妹妹在下一分钟就会从什么地方钻出来，谁也劝不动她。

几十支手电筒渐渐从夜色里散去，父亲留了下来，默默坐在我和母亲不远的槐树下抽烟。母亲没有再找父亲吵闹，她的嗓子已经彻底喊不出声来，就那么失神地坐在冷湿的河边。河里没有月光，西北第二十一颗星无动于衷眨着眼，任凭父亲的烟头在夜里明明灭灭。

妹妹失踪的第二天，父亲托校长起草了寻人启事，贴上照片，复印了一大堆。很快，妹妹苍白的小脸遍布附近城镇的大街小巷。父亲终日风尘仆仆，四处奔走，敲开亲友的家门打听妹妹的下落，甚至连妹妹转学到南浦的同学，他都寻访到了，依然一无所获。这一天，父亲带的钱还不够买车票，最后两站路，他是摇摇晃晃走回家的。

母亲的任务是守在家中，等候寻人启事张贴后的回应。当时家里没有电话，寻人启事上的电话号码是借用街对面小天工工艺店的，只要电话铃响，母亲如同惊弓之鸟两步跳过小街，神经质地抓起话筒就问妹妹的消息，让一些客户摸不着头脑。一连五天，小天工被母亲闹得门前冷落，店老板老白很不满意又只能陪着叹气，他也被母亲的眼神吓住了。

家里的气氛倒是骤然平静下来，妹妹的失踪熄灭了父母的争吵，对我的表情也变得忧伤而温和。父亲没钱买车票的那天，居然给我捎回一包南浦糖炒板栗，让我瞪大了眼睛。板栗捂得潮乎乎的，不怎么好吃。我狼吞虎咽时父亲伸手在我细软的头发上摩挲，鼻子猛地抽得一响。

我的狼吞虎咽也是装出来的，那十块钱悔得我肠子都青了。星期三，吴美玲自愿当老谢的漫画模特，老谢乐滋滋地创作时，我一把扯碎画纸丢在风里，把脸埋在胳膊上泪流满面。老谢他们像做了错事一样规规矩矩围在旁边，抓耳挠腮。

我把剩下的六块钱（包括老韩乖乖归还的四块）交给母亲，准备挨一记耳光。母亲的手举起来，却落在自己身上。好几个夜晚，我缩在屋檐下啃起指甲，在心里呼风唤雨，反复替老谢取消那个可笑的约会或者在妹妹无助时挺身而出。街灯沉默地站着，没人理睬我的呼唤，只有第二十一颗星还在北方，代表妹妹在我泪光莹然的视野里闪烁。

妹妹失踪的第六天，全家差不多都绝望了。母亲开始怀疑一切充满恶意的角落，诸如水井、池塘、废桥等经常出现噩耗的地方，她都要固执地巡察一遍，一会儿害怕在那些地方发觉妹妹，一会儿又害怕一无所获。紧蹙的眉峰下面，两束坚硬的光芒像神话传说中不灭的死火，熊熊燃烧又冷凝如冰。

不到十天，父母迅速衰老了，背影都有些萎缩。我煮了面条，端在桌上，放学后面条还在，只是早已凉了。

第十天，小吕老师忽然闯进初二的教室里对我嚷："你妹妹回学校了！她不敢回家，快去叫你父母来！"我眨着眼，简直反应不过来，直到老谢催我跑才醒过神。

父母赶到了学校。母亲抱住抖得像只鸟的妹妹，放心而轻松地哭了，哭声细长而感伤。父亲在一旁跺着脚说，哭什么？哭什么？但是他的眼泪也摔到了地上。

妹妹那天逃学后，在车站撞上薰烧豆腐店的阿香。阿香的弟弟生病要医药费，她捎钱回乡下顺便休几天假。妹妹就跟着她上了去清水塘的班车，在乡下玩了十天，划船织网，挖灰灰菜和马兰头，过得提心吊胆又有点儿说不出的高兴。直到阿香的爷爷到邬桥卖紫皮萝卜看到寻人启事，才知道妹妹是逃出来的，赶紧把人送了回来……

事情就这样过去了。家里的日子依然惨淡，但父母离异的事暂且搁下。一年后，我们全家离开烟雨苍茫的栖镇，搬到省城，搬到十四层楼的职工宿舍，离天空的距离更近。

家庭破裂后那几年，我和妹妹渐渐长大，常有流星划过天穹，我们不再仰望北方，也辨不清秋夜第二十一颗或者夏夜第四十一颗星星具体在什么位置。也许只有母亲知道，那时母亲的灵魂已经化作星星，夜夜守候在妹妹的北方。

精彩
—**赏**析——

　　整篇文章以"天空的星星"为线索，按照妹妹从出生到长大的时间顺序，讲述了一个贫困家庭在现实生活中遇到的各种困境和难处。文章开篇借用"流星闪现的位置出现一粒小星星"引出妹妹的诞生，文章结尾又借"母亲的灵魂已经化作星星"表明母亲的逝世和守护。前后两次的星星分别代表了"新生"和"逝世"，这样的首尾呼应不仅使文章更加完整，而且突出表现了作者的思想感情，使文章主题得到升华。而中间部分则以父母离婚的事件为故事的冲突点，详细介绍了一个贫困家庭的生活现状，虽有苦有乐，但苦多于乐。本篇文章所讲述的故事令人感叹、惋惜，感叹的是一家人在生活所迫下的艰辛和困苦，惋惜的是一家人如果懂得珍惜身边人，其实也可以过得很美好。

午后歌谣

> 人生的价值，并不是用时间，而是用深度去衡量的。
>
> ——列夫·托尔斯泰

午后一般是指这种时刻：阳光只剩下一片白炽的温度，河水和时间都不再流动。桥埠边，云和乌篷船的影子歇在一汪凝固的水面上。屋檐下织渔网的阿婆目光呆滞，面对脚边一片蜷起的香樟叶，望了很久也只有一片。

不肯安静的只剩下声音——蝉的轰鸣，锡器店单调的敲击声，收音机里时断时续的越剧，再加上街头的吆喝声——这些声调也像阳光下的树叶，被晒得卷了边。

"鸡头莲蓬，清水菱角哟……"这大概是同兴桥边卖水果的麦子，夏天卖莲子枇杷，春天卖马兰头和白杏。如果在早晨，那声音是饱含着雨水的，一漾一漾的传得很远。

"有——报纸酒瓶卖么？"回收废品的猫子也倦了。别看这家伙长得方方愣愣，是个挺憨的一个大男人，声音可是又尖又脆，像飞溅的瓷片劈空而来，剜着全镇的额头和耳朵，一嗓子就把卖废品的人从家里撵出来了。

"咚咚……哩格咚"，拨浪鼓摇得有气无力的，日本仁丹在打哈欠吧？日本仁丹以前叫老康，扛个箱子走街串巷卖梨膏糖，因为鼻子下面有个铜钱大小的疤，像一块日本招牌，所以一街人叫他日本仁丹，他自己也这样叫。

只有小孩的声音是不知疲倦的——

"椒盐饼子五味酥，桥东点心七里香啦……"

"绿豆棒冰，赤豆棒冰，甜甜呃甘甘呃二十四味……"

脆亮的童音在炙热的阳光下一遍遍地鸣唱。这是方恒志、陈辉煌、老谢和应小红，都是我们班上的几位有钱人。

栖镇的夏天是小孩子赚零花钱的黄金季节，一放暑假，大家就各自拎起提篮，边玩边赚钞票。以前我是不屑于陪他们晒得黑汗水流的，只是替他们抄暑假作业，从他们赚的硬币里分一把去七里香面馆吃鱼板面。七里香卖的面比街头的面摊要贵好多，老谢就拼命倒不要钱的醋。除了吃面，也喝冷饮、打乒乓球、看小人书，哗哗啦啦，一转眼把裤兜掏得安静下来。

但是这个暑假情况不同了，陈辉煌说再像过去那样零打碎敲是不行的，必须要赚四十块钱，才能完成一番事业。我也被摊派了八块钱的任务，相当于抄一百个练习簿或者卖两篮茶叶蛋，数字庞大得不得了。幸好有老谢出主意，让我到百乐影院卖电影券——母亲工作的缫丝厂每月要发电影券，看不完的可以削价卖掉。

当时母亲老是为我的数学成绩心急如焚，把我关在家里用功，不肯轻易开笼放鸟。不过午后一点半，她摇的蒲扇会准时停顿下来，去邬桥缫丝厂上晚班，夜间十点才会回来。

我赶紧从草席上一跃而起，加入午后嘹亮的歌谣里……

完成一番事业是陈辉煌的说法，其实就是发动大家趁暑假赚点钱，帮王玲珑凑足学费。陈辉煌是副班长，班长的位置始终被王玲珑盘踞着，不过我们都听陈辉煌的。陈辉煌浓眉大眼，长得确实像个干部。女生尤其喜欢他笑起来坏坏的样子，所以下雨的时候陈辉煌从来不带伞，总会有人主动把漂亮的花伞塞到他手里。

男生们拥护陈辉煌主要是因为他像及时雨宋江一样仗义疏财，钢笔丢了或者作业本用完了，都可以找陈辉煌借，并且只借不还，他还是照借不误。他口袋里总有花不完的零用钱，但买的东西比谁都便宜。陈辉煌的爸爸在栖镇当税务所长，不要说满街商贩，就连我们冯校长看见陈辉煌也马上绽开火辣辣的笑容。

全班只有王玲珑对陈辉煌摆起一副居高临下的表情。王玲珑人如其名，聪明得玲珑剔透，也是班上的有钱人。卖棒冰的应小红，一双球鞋要从夏天蹬到冬天，王玲珑的长裙和皮凉鞋上已经标上了英文牌子。她爸爸在栖镇边的月塘开毛巾厂，骑着雅马哈摩托，每天风驰电掣，撞上石拱桥也轰隆隆一驶而过，把摩托当坦克开。

当然，这是暑假之前的事了。七月初的一个中午，月塘发了一场火灾，在栖镇都能看到浓烟滚滚直上云霄。还好，没烧到人，只把半街木楼还有王玲珑爸爸开的毛巾厂烧成了一片灰烬。

火灾过后王玲珑就没来上学，据说她妈妈承受不住打击住进了医院，她爸爸忙得焦头烂额到处躲债。摩托车就首当其冲被卖了抵债，录音机、电扇、沙发也让她爸爸送进了同兴桥边的寄卖行里。

看样子王玲珑交学费都有问题，要是连班长也失了学……班主任老邹去医院探望了王玲珑的妈妈，回来后居然牙疼似的歪了半边脸，仿佛眼睁睁看着一件精致的瓷器从三米外的地方摔了下去。

结果刚放暑假，陈辉煌就给老谢、方恒志、豆豆和我派任务，要求大家各显神通为王玲珑凑凑学费。

我们瞪着陈辉煌，几乎反应不过来。王玲珑一直是陈辉煌眼里的一粒沙子，每回考试总比陈辉煌高一两分，然后高傲地瞥他一眼，恰到好处地打击着副班长的气焰。

陈辉煌不肯说理由，我们事后才听老谢补充了一下。起因大概是前天早晨陈辉煌在西陵桥上无意撞见了王玲珑，当时老谢也在场。老谢说真是公主变灰姑娘，那么趾高气扬的王玲珑竟然缩在一边给他们让路，还望了陈辉煌一眼，眼光像猫一样，又乖又伶俐又可怜又……

这种情况你能不起同情心？再说又是面对一个漂亮的女生，男人嘛！老谢痞里痞气地说。

我懒得去纠正他，其实这一年他和陈辉煌一样，都是十三岁半。

方恒志的财富都长在树上。

方恒志外号"天不亮"，五官天生就不怎么舒展，两眼还老是睁不开。他住在永和巷后面，比我大一岁却低我一个年级——已经留过两次级。也不见他逃课，上课也不乱说乱动，成绩偏偏一团糨糊。为此老谢总结道，肯定是被他老子打得脑袋进了水。

他的确是经常挨打的。他爸爸在七里香面馆旁边开了一家酥饼店，没有招牌，也叫七里香酥饼。店里的五味酥和椒盐饼子确实很香。五味酥瞧上去很不起眼，表皮无油也没有馅，味道素净，却能沁出鹅油火腿的醇厚，一口咬下去让人的表情都变了。尤其在出炉的时候，酥饼色泽焦黄，热烘烘的香气毫无保留地爆发出来，动人食欲，不止七里。

可惜，有这么好的家传手艺，他爸爸却总是不能发财，家里孩子多（方恒志有两个姐姐和一个弟弟），还好赌钱。输空了，他就找一碟花生米滋儿滋儿地喝酒，一边监督方恒志替他算零售的酥饼帐，一边红起眼睛骂人，骂生意不好做，骂家里总不长肉的疙瘩猪，也骂老婆的臭卤坛子。方恒志的妈是宁波人，习惯腌几菜坛的臭苋菜股，日久天长，咸水坛子里浮拥起无数的白沫和虫。他妈妈认为越臭越好吃，每天傍晚一开饭就臭得四邻人仰马翻。

他那进了水的脑袋偏偏一进树林就出奇地灵敏。栖镇东堤外绿沉沉一片全是树，梧桐、刺槐、杨柳、苦楝和桑树。不管树长得多挺拔，方恒志嗖的一下就蹿到了顶，像猫。他课余卖的酥饼钱必须颗粒归仓，零花钱都是从树上摘的。

春天帮蚕农和果农采桑叶摘青桃，初夏抓银胖子。银胖子是蝉的幼虫。夏天的柳树下，泥土总是潮湿的，无数的幼蝉开始忙着掏地洞，等待太阳落山便纷纷出土爬上树，趁着夜色蜕变。幼虫将背撑裂一道缝，银白的躯体艰难地从金色外壳里挣脱出来，再耐心等候日出让翅膀和身体变硬，然后一飞冲天。

傍晚是抓银胖子最好的时节，男孩们倾巢出动，一串串竹纸灯笼沿着河堤的树林忽上忽下，从柳树和梧桐上揪下一个个不会飞的银胖子，扔在小桶里，回家用油一煎，鲜、香、脆、嫩，湖蟹也不能比拟。方恒志抓银胖子连灯笼都不要，上蹿下跳地随便摸几把就把一棵树打扫得干干净净，收获的银胖子统统卖给如意茶馆做点心。

也许是看他赚钱的身手如此敏捷，陈辉煌给他摊派了十块钱，让方桓志的鼻尖直冒汗。他最烦王玲珑，又不能不听陈辉煌的指挥。有一回，王玲珑吃了方恒志卖的五味酥，手腕上冒出许多红斑，怀疑酥饼被蟑螂爬过。方恒志当然据理力争，实在吵不过全班女生的七嘴八舌，竟要抓一只蟑螂吞下去，试验一下是否会冒红斑。结果陈辉煌挺身而出买了两只五味酥，若无其事地吃掉，从此让方恒志鞍前马后、忠心耿耿。

然而暑假是方恒志发财的淡季，桃李都谢了，银胖子长成了没有肉只会叫的空壳，堤边只剩下一树树没人管的桑葚。桑葚一旦成熟那是来势汹汹，风都不能摸，一摸就往下掉。方恒志拎了两篮桑葚上街又不好意思叫卖，这东西不算水果，小孩想吃桑葚到堤边随便挑棵树，可以吃到牙齿软倒，开口一笑姹紫嫣红。

到底老谢的算盘精，拎了那两篮没人要的桑葚出门活动了一圈，回来竟往方恒志的手里拍了两角钱，还拍胸脯说不管方摘多少桑葚他都包了。

不要说方恒志，连我和豆豆都激动起来，争先恐后为他服务。一连几天老谢都来收桑葚，票子越掏越多。我和豆豆起了疑心，悄悄跟着他，看他拎起篮子乐颠颠地进了春草堂。春草堂是中药铺，顺便也销售零食和饮料。老谢转手把我们的劳动成果卖给胖胖的老板娘，不一会儿，那些桑葚就榨出了闪着紫色光泽的甜浆，兑入乌梅和冰糖，成了清甜爽口的果汁露。一毛钱一杯，比兑色素的橘子汽水好卖得多。

我和豆豆愤慨极了，原来傻瓜似的被老谢剥削，那还不如直接卖给春草堂。可是一旦有人竞争，老板娘砍下的价钱就跟老谢给的差不多，让人丧气。索性不摘了，省得替老谢当搬运工。

只有方恒志坚持不懈，或许丰收在望，加上老谢怂恿，越干越欢。上午该帮家里卖酥饼的工夫也挪用去摘桑葚。他将盛酥饼的扁木盆搁在桑树下，不知不觉拎起篮子摘出好远，等他回到树下才发觉满满一盆酥饼都不翼而飞了。

傍晚，方恒志又狠狠挨了一通揍，卖桑葚的钱赔光了也不够填一盆酥饼的窟窿。想起王玲珑手腕上的红斑，再摸摸自己手上晒脱的一层皮，方痛得龇牙咧嘴。

"我是没办法才帮你！"他大声说。

陈辉煌赚钱的方式别出心裁，他是从宋老千那里学来的。

宋老千在街头守着一副象棋残局，他就靠这副象棋糊口，有兴趣跟他对一局的，赢了宋老千包赔五块，输了就得付他五角钱。很多年都没人赢过他，找他下棋的人极少，宋老千依然面无表情地晒太阳，两根老鼠胡子偶尔动一动探探气息，仿佛一只足够耐心的蜘蛛在街头结了一张网。

陈辉煌不会下象棋，他和人比赛玩气枪，他输了赔一块，赢了就赚五毛钱。陈辉煌其实是可以不用上街赚钱的，他的零花钱是细水长流从不间断，可是最近全让葛师傅的靶摊掏空了。

葛师傅在西陵桥边守着一个靶摊。现在小镇上很难看到这样的靶摊了，两杆油亮的气枪，几米外的木柜里竖着一排排红布靶。放学后，男孩们纷纷往西陵桥跑，搂着气枪，手指兴奋得像通了电，眯上一只眼反复比画。嗖的一枪，射倒的红布靶引爆压好的火炮纸。

啪！火药味四处弥漫。射中免费，射不中得掏钱，一枪两分。

大部分时候总是射不中的，我们恋恋不舍放下枪，掏出仅有的几个硬币，扔进葛师傅脚下的木匣里。葛师傅从早守到晚，往木匣里一摸，稀里哗啦一把钢镚镚，一脸的皱纹就更深了，全身上下瘦骨嶙峋的，到处是锐角。

实在没钱了，也可以捡烟头换气枪玩。葛师傅烟瘾大得惊人，用报纸卷最便宜的老刀牌烟丝抽，这种烟丝时而熄火，时而黄烟滚滚，薰得蚊子苍蝇也望风逃窜。实在没钱买烟丝，也抽烟头。教我们到茶楼捡烟头，双喜、飞马、大前门，比葛师傅抽的老刀好得多，揉出烟丝，凑足一纸盒可以跟葛师傅交换五枪。所以茶桌下总有男孩钻来钻去，一不留神磕翻茶碗，热汤淋下来，烫得吱吱叫。

相比之下，陈辉煌就潇洒多了。他到场慷慨地一拍胸脯，意思是大家玩的这一场他全包。我们欢呼雀跃，集中收拾十九号靶，这个靶最小，又藏在角落，几乎枪枪落空。五十枪扫过，十九号靶纹丝不动。陈辉煌往葛师傅脚边丢下一块钱，踹了气枪一脚："破枪，骗人的玩意。"

"站住！"葛师傅咳嗽一声，眼睛像一个猎手，冷而且黑，"你说这枪有问题？"

陈辉煌重复了一句，破枪。

葛师傅一挥手，啪！十九号红靶就被端掉了——谁也没看清他抓枪的动作——他只用一只手，气枪仿佛长在他胳膊上纹丝不动，蓦地又飞脚将一个汽水瓶盖踢上天，一抖手腕。啪！弹丸准确无误地将空中的瓶盖钉在屋檐上。

"拿走！"葛师傅把陈辉煌丢下的纸币踢开，眼睛重新眯上，依旧猥琐地蹲在靶摊边抽烟。

这一手把陈辉煌震住了，此后放学就抢先跑到西陵桥边，专心致志练习打靶。不管他掏多少钱，葛师傅总在一旁冷眼瞅着，不加点拨："先把手感玩熟了再说。"

一学期玩下来，陈辉煌打靶的成绩直线上升，考试的分数却直线下降。期末考试后，他爸爸陈税务忍无可忍，把陈辉煌的零花钱全部掐掉了。

没钱他也舍不得丢掉气枪，又变出一个比赛赚钞票的法子。东街的老鹰带领的一伙男孩应战，稀里哗啦全败下阵来。男孩们就去找卖香烟的黄胖出马，据说黄胖能用弹弓射下电线杆上的麻雀。

黄胖到靶摊一瞄："呵哟，蛮厉害的嘛。"

"不服气你也来试试，输一枪我赔一块！"陈辉煌信心满满的样子。

黄胖瞪起眼："输一枪赔一块！"

两个人真的比画起来，葛师傅一声不吭地给他们上子弹，看热闹的迅速拥起几层圈子。两分钟过后，黄胖就下巴哆嗦着不肯玩下去了，"这小贼是狠！"他才射中五个，陈辉煌已经不眨眼地撂倒了两排十个红靶。

以后，葛师傅就不让陈辉煌打靶了，在气枪里填上铅弹，专门教他去树林里练习打斑鸠麻雀。练习了两天，陈辉煌意外地打了五只大斑鸠，挑在气枪上让人羡慕得不得了，唯独他爸爸瞥着这堆战利品，脸阴得要下雨。

这也是陈辉煌玩气枪最后的辉煌。当晚收摊的时候，帮葛师傅扛木柜的水生突然眼珠一翻，倒在地上手脚痉挛直吐白沫。葛师傅急忙脱下拖鞋塞进水生嘴里，这是防止癫痫病人咬断舌头，然后背起水生去卫生院。水生是前年从外地流浪到栖镇来的，蹲在街头，见人傻笑见馒头就抢，等于半个白痴。白痴每天按时帮葛师傅扛木柜，发了病也晓得跑到靶摊一歪。葛师傅认倒霉，药费掏了好几回。第二天，陈辉煌的爸爸陈税务来趁火打劫，收营业税。

葛师傅交不起税，陈辉煌远远看见他爸爸派人将两杆气枪收走了。

黄昏，他回家嗅到浓郁的红烧斑鸠和啤酒气味。开饭前他妈妈差他去买酱油，他用剩余的几角钱给葛师傅买了一盒双喜牌香烟藏进兜里。

等他回来一看，那盘斑鸠差不多让爸爸连骨头都嗑干净了，总算还给他留了一只。他攥起那只斑鸠扔进爸爸碗里，溅得陈税务油星满脸。

"你都吃了算了。"他说，"免得一窝斑鸠散伙。"

"甜甜吧甘甘吧二十四味……"

这是应小红在长途车站的吆喝声，江南的叫卖亦如夜雨敲铃，清脆婉转。应小红外号"马不停蹄"。念三年级那年，老师吩咐我们用"马不停蹄"造三个不同的句子，她提笔就写："我放了学马不停蹄地去卖豆沙糖，马不停蹄地卖香草糕，马不停蹄地卖绿豆棒冰。"这气得班主任在作业本上回批："你应该马不停蹄地认真学习，马不停蹄地写检讨，马不停蹄地重新造句！"

她课余赚钱确实是马不停蹄的，收获也一丝不漏全攒起来，交了学费，还买红发卡、蓝书包、咖啡皮鞋白袜子，把自己包装成一棵果实累累的树。

如果不这样马不停蹄，应小红就有可能失学。她没有爸爸，弟妹还小，母亲在菜场踩三轮车拖鱼，经常顶着炎炎烈日，拼命往桥上拽一车爬满苍蝇的烂鱼。所以尽管应小红的数学成绩一塌糊涂，算账的速度却非常惊人，她可以瞬间算出卖掉五毛钱的棒冰相当于挣一个新书包的几分之一，相当于她妈妈把三轮车蹬多远。

起初陈辉煌并没有发动应小红加入我们的事业，应小红既是班上的有钱人，也是出名的小气。她卖出的棒冰不计其数，夏天却从不肯吃棒冰，宁愿凑到街边水管下喝自来水。

找她帮忙是老谢的主意，因为豆豆赚不到钞票，老谢就自作主张安排他给应小红打工。老谢的理由是，第一，应小红会赚钱；第二，她也可以帮陈辉煌赚到钱。应小红和方恒志一样，心甘情愿服从陈辉煌的分配，不同的是，陈辉煌从来没为她挺身而出，她的理由只是陈辉煌的眉毛特别漂亮——"真好看，比电影演员还好看！"说这话的时候她毫不害羞，一脸的神往。

果然，老谢一交代给王玲珑帮忙，应小红仅仅只是抽了一下鼻子。老谢故意挠挠头说："不点头就算了，说不定陈辉煌没办法了会找张叶帮忙……"我们同班的女生张叶在文林巷边守书摊，也曾经在下雨天红着脸往陈辉煌手里塞过雨伞。

"回来！"应小红喊往老谢，狠狠给了他一个白眼，"算我倒霉，我帮，我愿意帮忙还不行吗。"当真分出两口装棒冰的大号保温瓶给豆豆，讲好卖一瓶可以提成四毛钱。

豆豆拎起保温瓶，乐得满脸像融化的奶油雪糕。他念五年级才转学到栖镇，住在外公家里。他积极加入我们的行列只是图个新鲜好玩。

午后车站的人多，我就有机会被豆豆抓去滥竽充数，一起在挤车的人流里钻进钻出，汗流颊背地歌唱："棒冰棒冰，甜甜甘甘呔……"歌声嘹亮，把空气擦拭得非常干净。

只会吆喝是不行的。应小红做买卖可是既灵敏又有经验，扫一眼乘客的表情立马知道谁会掏钱，一根绿豆棒冰抢先就被她笑眯眯地递上去了。我们学不来，豆豆一急干脆扯起嗓门吆喝："谁吃棒冰，赤豆棒冰绿豆棒冰果酱橘子香蕉棒冰……"其实只有赤豆绿豆，估计他是把南京街头的冷饮广告搬到栖镇来了。如果当时流行冷狗、和路雪、哈根达斯，他大概也会毫不客气地喊出来。

乱喊偶尔还是奏效的，真有人上钩，用买果酱雪糕的钱买绿豆棒冰。豆豆得手后赶紧开溜。不过他爱激动过头，难免让煮熟的鸭子飞掉。一旦卖了两三根就忍不住揭开保温瓶数一数，计算收成。那么热的天，数来数去就把棒冰数得化掉了。

暑假快结束的午后，豆豆在车窗边一口气卖掉了八根棒冰，谁知没等收钱，汽车突然开走了。买棒冰的那个家伙一头长毛，对我们吹个口哨，一脸赖账的快意。

等应小红发觉过来，我和豆豆还不知所措地望着车后扬起的灰尘。应小红大叫"停车！给钱！"，竟然一路追了下去。

镇东那段路尽管坎坷不平，客车跑得磨磨蹭蹭，也是两条腿追不上的。但她丝毫不考虑速度的问题，只是为即将失去的八毛钱马不停蹄地追赶。三百米，四百米，客车离越跑越远，她依旧紧紧咬在后面，如清水挂面的一小把头发甩在脑后，她奔跑的身影像夏天里一只羽毛着火的鸟。

那辆车终究受不了她的纠缠和尖叫，停了下来，长毛乖乖地往车窗外扔了一张钞票。我远远看见应小红一把捞住飞舞的钞票，竟然还找了长毛两张零钱。

她回到车站，剧烈地喘息着，从口袋里翻出八毛钱递给豆豆，透明的汗才成片地从额头上淌下来。

百乐电影院在最繁华的地段。栖镇的街道大多只横着三座桥，百乐这条街有五座桥。这里以前是戏楼，高高的石库门还非常有派头，霓虹灯照得电影海报流光溢彩。海报是教我们美术的小章老师画的，他画的人只会傻笑，刘晓庆和陈佩斯在他笔下同一个表情，吃错药的样子。

电影票五毛钱一张，如果放映《南征北战》这类爱国教育影片，各单位要集体发放电影券。母亲上班的缫丝厂工会非常慷慨，不管放什么电影都定期发电影券，一张影券抵一张电影票。每个月的第一个周末，母亲照例要领回五张粉红的电影券，往抽屉里一摺，从来不去看。只要做了缫丝厂的女工，母亲就不会看电影，太忙，不太忙的空隙也要打毛衣，电影院里太黑，没法飞针走线。

这些电影券就任凭我胡乱挥霍。中国的、外国的、爱情的、不谈爱情的，有一段时间简直看得头昏。等陈辉煌的任务一派下来，老谢就捅我的腰，小意思，卖几张电影券就够了。

我其实老早就打过这个主意的，又怕被影院的保卫干事抓住——电影券是优惠供应给各单位，严禁倒卖。可是除了电影券，我也找不到赚钞票的门路。母亲积压的电影券总共三十五张，削价处理，一块钱四张。上午让老谢卖，下午我去找他会合。

午后，我赶到电影院，老谢正在和卖梨膏糖的老康吵架。我扯开老谢问，卖了多少？老谢说岂有此理，才卖了四张，日本仁丹就来警告我不要抢生意。

影院门口卖瓜子香烟的小贩，包括日本仁丹都兼职做票贩子，在他们手里买削价电影券要搭瓜子或者梨膏糖。我们不附加条件，影响了票贩子的公平竞争。

面对老康的虎视眈眈，我们只好打打游击，围着影院四处乱跑，再四处出击。毕竟价钱比电影票少一半，很快卖了十多张。老谢甚至得寸进尺地说，早知道这么抢手，该让方恒志来搭酥饼卖。

可是计划没有变化快。第二天午后我拉上方恒志，刚到百乐影院找老谢碰头，就被日本仁丹和黄胖堵住，问我们还有多少电影券，识相就统统交出来，拿几包盐水瓜子回家去。

老谢嗤之以鼻，我们会被几包瓜子打倒？笑话。日本仁丹见我们软硬不吃，突然揪住老谢大喊："倒卖电影券，光天化日搞投机倒把啦！"

糟了！鼓起金鱼眼的保卫干事马上推开窗户朝这边张望。

幸好老谢比泥鳅还滑，挣脱了老康的鸡爪，扯起我和方恒志就跑。这么一闹，手气非常不顺，好半天才卖了一块钱，还险些被一个头发烫得像狮子的女人揪住。

当时老谢拉住那女人的衣角，满腔热情地问她看不看削价电影。"狮子头"却莫名其妙发觉丢了钱包，扯起高音喇叭要老谢坦白交代钱包的去向。

金鱼眼这家伙平时对日本仁丹的投机倒把视而不见，这时候却操起警棍行动起来。我们只好又逃，慌不择路，竟一头闯进厕所。

我急中生智，拉那俩笨蛋溜进存放拖把水桶的杂物间。金鱼眼追进静悄悄的厕所，探头一望，没人。紧要关头，老谢竟然憋出一个屁，臭不可闻，方恒志忍不住呸呸了两下，三人应声落网。

处理结果就不多说了，我们身上没有钱包，排除嫌疑。电影券被没收，罚写了一份检讨。最痛心的是方恒志，连他没卖完的几个酥饼也当作投机倒把的物资予以没收。

方恒志没有抱怨，老谢倒是耿耿于怀，一直埋怨方恒志，你呸什么呢，吃了屁还吐壳？

夏天接近尾声的时候，我们重新在西陵桥边碰头，统计暑假的收成。除了老谢没来，豆豆、方恒志、陈辉煌和我一共凑了十九块八毛三分钱，距离陈辉煌当初制定的目标还很遥远。

我把这一大把浸透了汗渍的零钱递给陈辉煌，陈辉煌挠着头说，再等等老谢吧，似乎盼望老谢能创造奇迹。

豆豆忍不住问，要是王玲珑真的不能上学了怎么办呢？

紧接着我们就看到了王玲珑，她爸爸依旧骑着那辆神气的摩托车，轰隆隆的，从街头一驶而过，她坐在爸爸身后，抱着一包新衣服或者文具。我挥着手里的钞票喊了王玲珑一声，她没有回头，也许根本没听见，漂亮的长发如一面骄傲的旗帜，在午后的风中飞扬。

轰鸣的蝉声突然停下来，四周静得发慌。老谢兴冲冲地来了，神秘兮兮地告诉我们一个消息，王玲珑的舅舅从香港回来了，在月塘投资了一大笔钱，她爸爸的毛巾厂马上要重新开工了……

我们对老谢的新闻不感兴趣，都望着陈辉煌，陈辉煌望着天空。

夏天过去了，他的眼里开始多了些天高云淡的影子。

"椒盐饼子五味酥……"

方恒志抱着卖酥饼的木盆吆喝起来，清亮的童声有一点儿嘶哑，还有一点儿温柔，宛如一滴颤动的水，在午后的长街上滚得很远。

精彩赏析

文章开篇描绘了夏季午后的各种声音，比如蝉鸣声、流水声，比如摊贩的吆喝声、收音机里的越剧声……作者首先便将读者带入了夏季午后一个轻松、悠闲又忙碌的场景中，使读者身临其境。随后，作者顺势引出本篇文章的几个主要人物和故事背景。"栖镇的夏天是小孩子赚零花钱的黄金季节，一放暑假，大家就各自拎起提篮，边玩边赚钞票"，而这个夏天与以往有些不同，孩子们赚钱是各显神通、竭尽全力，因为他们赚钱有了一个更重要的意义——帮班长王玲珑凑足学费。作者在后文中运用了多种描写方法和修辞手法，详细介绍了几个孩子打工赚钱的艰辛以及遇到的种种困难，但他们并未放弃。同时，作者将孩子们的童真、活泼、淘气在字里行间表现得淋漓尽致，人物形象跃然于纸上。而文章题目"午后歌谣"却有深意，这并不是夏季午后的各种声音的象征，而是特指在各种声音中所夹杂的孩子们的叫卖声。

寂　地

> 世上唯有"寂地"可以任我飞翔，包容我的孤傲、自卑、抱怨，让我忘记时间和地窖外的世界，去默坐，去呆想，去设计并不存在的未来。

一

寂地，在我生命里是一座地窖、一条老巷和老巷中的茶社。我把它们概括为寂地，是因为这些角落都是安静、寂寞的，都在我的少年时代烙着很深的痕。

现在，地窖、老巷和茶社，都被时光从世上抹掉了，我在梦里也抓不到它们的影子。唯有一张黑白照片，是十年前我在老巷的留影。后来，照片莫名其妙就遗失了，整整九年。

九年后，我又莫名其妙地从一本其实是时常翻的书里抖出了这张照片。我想，这也许是命运给我的一个提示。

我该讲讲 1988 年的寂地。

先说说地窖。

二

地窖是我在南浦二中念高一时常去的角落。

确实只是一个角落。偏在校园西角，一头扎入地底，深达三米。这里曾是防空洞，60年代备战的产物，后来废物利用，存放食堂的土豆、芋头等蔬菜。窖里有一盏灯，终年不灭。昏黄的灯光下，土豆或芋头像无数张表情生动而沉默的脸。

1988年春，我常到这里来，也只有到这里来。这一年，父母离异，我无家可归，学业荒废，心思全锁在唐诗宋词里。终日抱着诗词，只因为那是可以逃避现实的另一个世界。埋在这个茧里，苦痛可以像一杯剩茶随意泼掉。我不听课，不写作业，甚至不与人交谈，身体一天天枯瘦。

终于，班主任不得不把父亲请到学校来。"你的孩子应该休学。"他对父亲说。然后，出示一张我的乙肝病情诊断书。再然后，他从抽屉里挖出一堆诗词书籍，全是上课时从我手里没收的。

最后，班主任说，可以把孩子领回去了。

父亲始终不开口，垂着头仿佛在听一个老头莫名其妙的唠叨。离婚后，他常常是这样，一半颓唐一半漠然，还带着一些醉意。他没领我回去，几乎没有认真看我一眼，临走时才淡淡地说"想回家就回吧"，话里呛着一股酒气。

我在校园又逗留了三个月。我不再去教室，走进了地窖。世上唯有这个角落是可以任我飞翔的，这里包容我的孤傲、自卑、抱怨，让我忘记时间和地窖外的世界，去默坐，去呆想，去设计并不存在的未来。

在地窖里，我写下了自己的第一首诗《秋日咏莲》：独慕高洁不事春，冰心未染半分尘。误嫁秋风终不悔，留得青荷听雨声。

这首诗我念给一堆不会回应的土豆听，后来有点儿耐不住寂寞，找到校刊主编，郑重地把这 32 个字交给他。

校刊主编是个很帅的年轻老师，大学刚毕业，教高一语文。找到他时，一个清纯的女生正在他的指导下改稿。他顾不上拆阅我装在信封里的诗，随手塞进一堆稿纸。

二十天过去了。我仔细查找了新印的三期校刊，找不到诗的踪影，于是我又去找主编。他的表情竟是茫然的，他先在记忆里搜索好久，毫无头绪，接着在零乱的宿舍（也是校刊编辑部）四处翻找。我提醒他说，您曾经塞进这堆纸里。他又翻稿纸，仍然没找到，倒是翻出了一双没洗过的袜子。他拎着那双袜子，有点儿尴尬也有点儿抱歉地站着，我只有无言地退出来。

时光流得很快。

杏花落了。梨花落了。槐花将落的时候，我走路也会淌冷汗。老师忙着找我的家人联系，而我每天仍去地窖，自卑加上孩子气的倔强彻底封闭着我。我改不了孤独的习惯或者习惯的孤独，固执地向地窖走去……比如在一个细雨潇潇的清晨，雨丝里织着槐花的清香；比如在一个清风徐来的午后，风将天空擦成一整片没有任何锈痕的蓝，且把午后的声音擦得无比空寂；比如在一个月色朦胧的夜半，清晕的月光下世界都已沉睡，只有一只金铃子醒着；再比如在一个无风无雨也无云彩的傍晚，空白的暮色里只悬着一枚红润的夕阳和一只孤雁，将天地衬得十分苍凉。这些时刻，我就守着地窖，看着春天和我擦肩而过。

三

好多次，我还曾在地窖里碰上一个八九岁的女孩。那是个苍白如雪的女孩。她是美丽的，然而有智力障碍，永远抱着一个破烂肮脏的玩具娃娃在校园游荡，像个梦的精灵。我知道她是食堂保管员的女儿，保管员绰号酒瓶子，只要女孩遭人戏耍或混进教室，就拽她回家踢打一顿。她也常来地窖，时常是我到地窖时，她已经在那里，而我离去的时候，她还在那里。她从不靠近我，但似乎喜欢听我自言自语或背诗。只要我讲话，她就乖乖地坐在一堆土豆上出神。日后，我不止一次梦见一个无言的女孩和一堆无言的土豆在诗歌里飘。在我的记忆里，1988年，她是地窖的一部分，也是我的世界的一部分。

初夏时节，我离开了校园，离开了地窖，寄居到苏州堂兄家里休学养病。

好几年过去了。当年同桌的小徐大学毕业后回母校任教。给他写信时我特地询问起那个地窖，尽管他有点儿诧异我对地窖的兴趣，还是如实回信说，地窖已经没有了。听说有一年冬季，一个白痴女孩挨打后躲进地窖不敢出来，谁也找不到她，最后饿死了。地窖就此掩埋，里面还有一些芋头和土豆……

读到这里，我把一篇开了头的小说扔到一旁，捧杯浓茶静静回顾1988年的时光，回顾我的地窖和那个苍白如雪的女孩。我想，那个坍塌的世界应该是将我人生中一个歪斜的脚印，还有一个洁白得没有写上任何内容的灵魂永远掩埋了。

但有一种东西是不能掩埋的。

当我追忆一个灵魂曾囚在地窖苦苦挣扎的时候，当我追忆一个女孩在这世界只找到几句她不懂的诗，还有一个破玩具来温暖太寂寞的自己时，我知道，有一种东西的确是不能掩埋的。

小徐在信末说，每到春天，地窖里会冒出许多土豆蔓。一片青葱。

四

我在苏州寄居的地方叫秋枫巷，深长逼仄，从历史深处蜿蜒而来。巷外的苏州河上卧着许多单孔石桥，桥下水色是凝固般的冷绿。这里雨很多，穿过阳光的缝隙就来，淅淅沥沥，浸湿残损的石板路和爬满苍苔的白墙黑瓦，让一支探过墙头的樱桃红得就要燃烧。而燃烧也是寂寞的，老巷异常沉寂，依稀有桨声和琵琶三弦的呼应，余下是早晚几串不太匆忙的足音。

初到苏州，我还没有从地窖里跳出来。那时堂兄在上海做生意，我的任务是看守无人居住的老宅。除了隔壁的慧师傅偶尔会来叩叩窗户喊我帮忙浇花，除了到桥西奕哥那里借借书，再除去买菜取药，余下的时光都是剩给自己的，空空院落就终日关着我和一盆从未开花的海棠。

没有敲门声的日子过了很久。直到有一天，突然响起咚咚的敲门声，我竟一时想不出动作去回应。

门开了，来的是沈先生。

沈先生住在和老巷隔水相望的桥西。我曾在一篇散文里这样描写过他："一个缺乏从容感的老头，走路身体前倾，伸长脖子，跌跌撞撞的，随时有栽倒的可能。"其实，那时他早已退休，没有必要如此匆忙，或许，匆忙对于他只是一个难以纠正的习惯。他每天先去苏州图书馆再折到老巷来，给瘫痪失学的男孩子平送些书籍和学习资料。

关于沈先生的经历，我从子平的母亲五娘那里了解到一些。他做过大半生教师，有一个在台湾的哥哥，因为这层背景，历次运动都没有逃过去，蹲牛棚、扫厕所，人到中年，头上已经没有一根黑发了。退休后的日子也很孤单，妻子去世，领养的儿子待他很冷淡。

特别令人费解的是他的病，不知该叫动词性失语，还是叫功能障碍失忆症，他讲话会把大多数关键的动词彻底遗忘掉。例如敲门那天，他坐下来说："前些时，就知道你的情况，很不幸的一些事，邻居们都在那个那个什么着……"

我问："谈论着？"

他默想一下，点点头，又说："你还年轻，读高一吧？比我的很多学生都要小，路还长，一味沮丧就不好，尽量那个起来，那个！"他做个昂扬的手势。

我猜测说："是振作？"

"对的，对的，什么？"

"振作。"

"是的，振作起来，年轻人嘛。"

他又接着说："以前，我的学生也有和你一样的，处境不太好，后来他们可都那个了大学……"

我插进来补充："考上大学。"

"是啊，上大学，都考上了！"他眯起眼甜蜜地回想半天，又说："你也可以这样的。"

我觉得他开了一个沉甸甸的玩笑，不吭声了。

"你该上大学！"

……

"你还是个孩子，还不到山穷水尽的时候，只要，只要这样，就有出路的。"他重复刚做过的手势，力度更大一些。

我说："还是振作？"他连连摇头。"勤奋？"仍是摇头。我捉到一个词，问："拼搏？"

"对对对，拼搏！"他说，"要拼搏，这可不是大道理，过去我的学生有志气博一博的，都是上了大学的。"

接着，他问："你哪门功课基础差？"

我有点儿吃不消他热忱得咄咄逼人的目光，想尽快送他走，随口答："数学。"

他站起来说："好的，就从明天吧，我可以帮你那个那个数学。"

我估计他大概是说明天还会来，帮我补习数学。

第二天，他果然来了。拿来一套模拟试题，又比比画画地解释，试题是他昨天特地去从前执教的高中取的，先摸一下我的数学基础。

这试题让我有点透不过气来，一刹那，学业的一塌糊涂榨出了我巨大的羞辱，我尤其不能接受他不容分说就把一副沉重的希望压在我肩上。

我把试题推还给他，说："您就不必太费心了。我的数学基础还不到初三的程度，高一从来没听过课，您不会有耐心教的，而且我也没兴趣学。"

他吃惊地昂起头："你怎么可以这样自暴自弃呢？我是有耐心的！什么事不是人做的呢！没有兴趣？兴趣也是可以那个那个的呀……"

他被"培养"卡住了。我也不想再帮他补充。他拍着前额苦恼半晌，终于没有想起来，叹口气，抖着手艰难收拾好试题，走了。

临出门，他又回头说："你还年轻，还年轻啊……"

我没有送他出门，甚至忘却了礼貌，没说一声再见。

我是真的不愿他再来。他的数学非常轻易地把我从孤独的茧里剥出来，扯回到一个不敢正视的现实里。

一天过去了。又一天也过去了，他确实没有再来。

第三天，子平摇着轮椅来告诉我，沈先生出门被一辆三轮车撞倒，左腿骨折。据说摔倒时怀里还抱着两本书，是初三的数学教材。

子平来的时候，我正在给院中的海棠剪枝。听到"初三数学教材"六个字，我的手一颤，剪破了中指，一滴温热的血润在了不开花的海棠上。

子平问："沈先生给谁讲初三的数学呢？"

我没有回答。在他轮椅旁只有我和那棵海棠，还有庭院里无比灿烂而又寂寞的阳光。

五

关于老巷，我还想说说沈老泉茶社。沈老泉是茶社的招牌也是茶社的老板。沈老板是个随和通达的胖子。茶社临河而筑，竹庐水榭，三面雕栏，紫砂茶碗和藤皮暖壶都磨得陈旧而光润。楼下时有乌篷船划过，伴着篙橹远去的余响，就一碟观前街的卤汁豆腐干，再沏一壶碧螺春茶，看书下棋，非常陶然自在。

茶社点心只有淮扬烧麦和酥饼，味道也不错。茶客都是熟人，都不太闹。午后四点多钟，棋局收官，一杯清茶喝得没了味道，一本书翻去半卷，意兴阑珊，要一份茶点可以消磨到小雨初歇。时近黄昏，苏州一天的时光就掀过去了。

我对茶社没有什么兴趣，不过为陪伴子平经常去去来来。子平和我年龄相近，曾经是个清秀挺拔的少年，突然间命运恶意撞了他一下，就把他的挺拔拿掉了。瘫痪后，他的性情日渐孤僻，他的母亲挨不过一个秋天背就驼了。为了让儿子活得有趣一点，母亲不时送他来茶社找人下围棋。对弈的经常是退休记者顾先生，满脸绷着严肃的麻子，棋艺大概非常平庸，要子平让一颗子。这一颗棋子的骄傲会把一个站不起来的男孩目光突然镀亮。

我去茶社是为了推子平的轮椅。因为厌烦母亲过分的抚慰，他绝不要五娘去推。漫长的对弈，让我有足够的时间东张西望，去看一些平常容易忽略的风景。

我曾注意到五娘在远处的角落张望。她知道儿子的心情，绝不招惹儿子烦躁，就远远悬着心张望一眼，再悄悄离去。估计棋局终了，又来望一眼，但悬在儿子指尖的棋子依然没有落下。一个不短暂的下午，一条有些幽长的老巷，她要孤独地重复七八个来回。在儿子和邻居眼里，她总是无声地笑，有着不可呻吟的痛。仅有一回，我替子平回家取棋谱，看见她呆呆怔在客厅，半晌回不过神来听我在说什么，脸上堆着茫然无措的憔悴。两种不同的表情使我窥探到一个母亲怎样承担加倍的痛苦。

她从来没有抱怨过什么，也许太清楚抱怨改变不了结局。命运捉弄人的时候，根本不打算理会人的抱怨，就像一个恶意满怀的孩子，把一只蜻蜓的翅膀掐掉一半，然后等着瞧，瞧它怎样无济于事地反抗，怎样徒劳地挣扎，怎样不可避免地死亡。那时我从不掩饰对命运，对上帝，对一切主宰者意图的怀疑。

还有一个男孩阿乙，十二岁的年龄只有九岁的个头，大而圆的脑袋搭配瘦得不成比例的身体。他每天放学趴在茶桌上飞快做作业。听茶客老董讲，这孩子的父亲输掉公款进了监狱，家里只有一个继母和继母生的妹妹。男孩身上总有不断更新的伤痕，回家就别想抽空写一个字。在茶社写完作业，他飞快帮忙抹桌端茶，不久会跑来一个缺门牙的小女孩喊他回家。他的劳动换来两块酥饼，蹲在一边笑着喂异母妹妹，又笑着手拉手走向一个其实很苦的傍晚。

或许，笑着回家是对的。命运既然给人生命却不给幸福，那么微笑最能让命运哑口无言。

此外，我还记得几个常到茶社的人。一个常提着鸟笼的工艺店的装裱师，头发油亮很讲派头。他提着一只心爱的画眉到茶社遛鸟打牌，牌友一个是参加过淮海战役的老解放，一个是失业的花木工，还有一个是拾荒收废品的温州老头。收废品的老头忙于业务老是缺席，一桌三个人就临时切磋一些毫无用处的技术，比如探讨陆文夫在《美食家》里建议的西瓜蒸鸡该不该改成南瓜鸡，实在找不出话题就听画眉叫。那只画眉一鸣惊人倾倒四座，歌声是沁人心脾的脆。不久画眉死掉了，老董大为憔悴，从此不来了。空鸟笼挂在茶社，让收废品的老头取走了。大家都以为进了废品堆，隔了两天居然完璧归赵，笼里一只黑不溜秋的八哥，热闹地和人打招呼。一个吃劳保的邮递员顶了老董的空缺，马马虎虎重新凑起一桌牌。

邮递员打牌很有意思，出牌从不经过大脑，从一点的小 A 到十三点老 K 由小到大顺序往外丢，偶尔还嘀咕一句："嘿，快跑，快跑！"这让跑不了的子平很不舒坦。花工悄悄说："别太计较，他负过工伤，脑子有点儿问题。"这可看不出来，除了打牌与众不同，邮递员的表现倒是相当平静而且礼貌。这个人据说是骑车送信时为了救两个女孩让卡车撞了，意识大概撞得有些错位，老是提醒稳坐的茶客快跑，预报过马路的危险。

忽然有一阵，收废品老头不来了，三个人耐心地等。一个月，两个月，杳无消息，茶社里的心都悬着。三个月后，温州老头总算挑着担子来了，手有些抖，眼鼻一律向左倾，好像中过风。一桌牌又凑起来，没有什么问候。牌打完了，老解放请客去吃鸭馄饨，他搀扶输牌的温州老头说："您啦稳着点，管他是冷是热是赢是输，不倒下就是自己赢了。"

不倒下就是自己赢了——这话让我沉思了很久——他的腿已经衰老得站不直，语气居然还像一个战士。这几个人除了失去画眉的老董，差不多都有些磕磕碰碰满身裂痕，也都不算大树参天的强者，倒挺像路边的青藤——被命运踩几回平平常常，老去舔伤口可能就站不起来了，攀住墙不倒下才有天宽地远。

最后一次去沈老泉茶社将近深冬，黄叶飘飞，琵琶声散，茶社即将搬迁到新城区，茶客很少了。我去告诉顾先生，子平生病不来了，他有些遗憾地喝一杯凉了的茶，说满以为这回可以不用让子了，又……

那么一把年纪居然计较一颗棋子的进展，让人好笑。我诧异地问："你赢了一颗子又能怎样呢？"他也有些诧异："能怎么样？起码和昨天输一颗子的自己不一样了呀。"

我怔怔目送他伛偻而又踌躇满志的背影一步步移出深巷，没有熄灭的余晖给他全身镀上一层殷红的光。玩牌的邮递员突然抬头冲我说："快跑啊，该回去了。"是的，我该回去了，暮色如炊烟一样罩下来，老巷的灯火扯出我纤细的影子，我像是出门玩得太久的孩子在黄昏的田野等待母亲的呼唤，而呼唤是有的，在茶社，在老巷，在苏州，在 1988 年，在今后遥远的岁月里——

快跑啊！

有一种声音会凝成召唤。那时城市的上空，一只无根的风筝正在晚风中鸟一样飞翔。

精彩
赏析

　　文章开篇以简洁明了的话语向读者解释了标题——寂地，在我生命里是一座地窖、一条老巷和老巷中的茶社，随后便以"地窖、老巷、茶社"的顺序来讲述心中那一段段往事，使全文条理清晰、重点明确。其中，在得知沈先生被撞后，作者通过"我的手一颤，剪破了中指，一滴温热的血润在了不开花的海棠上"这一句话将当时的心理状态描绘得淋漓尽致。同时，这一句话更是用了暗示的手法，用"不开花的海棠"隐喻自己此前的顽固，用"手一颤，剪破了中指"表明在听到这个消息时自己内心的震动，用"一滴温热的血润在了不开花的海棠上"暗示自己冰冻的内心感受到了一丝温暖。作者用这一系列的细节描写，将作者的内心独白简单、明确地表现了出来。可以看出，作者在创作散文时试图打破散文和小说的界限，把一些小说手法引入散文，尤其是在写人方面，作者善于抓取细节，把每个人物都写得鲜活生动。

_____

夜别枫桥

❀ **心灵寄语**

> 月落乌啼霜满天，江枫渔火对愁眠。
>
> 姑苏城外寒山寺，夜半钟声到客船。
>
> ——[唐] 张继《枫桥夜泊》

一

枫桥停泊在苏州寒山寺外，停泊在张继吟唱的夜半钟声里，那时我离它并不遥远，却一直没有见过它，它和我始终隔着一个唐代。

我熟悉的枫桥横在苏州老城河上，苔痕斑驳的青石，单孔，映着墨绿的水色，表情非常沉寂。很长时间我都无法判定这座桥的名字，桥上来来往往的人对它的称呼也很含糊，卖花的大妹妹把它和邻近的两孔桥统称为"横街桥"，邮递员叫它"南门桥"，桥西的沈先生又称它"过雨桥"。我叫它"枫桥"是因为它正连接着秋枫巷口。

我就住在桥边的秋枫巷里。巷子没有枫树，临河只有一棵苍黑的苦楝，幽深逼仄的鹅卵石街道从岁月深处蜿蜒而来，安卧在苍茫的烟雨里。年复一年被时光撕掉的古典江南在枫桥边还残留着最后一页，这里应该有太多招引游子怀想的地方，例如古巷橘红的黄昏和木屐声渐近的黎明、清晨小楼窗前滴雨的翠绿芭蕉、桥下的半河桨声和半河灯影，还有灯影里蔷薇色的流水……

但是这些怀想与我无关，我不是苏州人。我的家乡远在武汉，说是家乡，其实早已没有属于我的家。先是父母离异，我被父亲扔在学校宿舍里，他酒后清醒时会给我一点生活费。不久我又因病休学，不知该漂到哪里。来武汉谈生意的堂兄把我捎到了苏州，替他守护秋枫巷里无人居住的老宅。堂兄定居上海，他说这条老巷即将拆迁，需要一个人留守老宅通报消息。我留守了一年，没有等到巷子拆迁，却等到了母亲的信，说她和妹妹的生活已经安置妥当，催我回武汉继续念高中。

九月五日，我离开苏州。去长途车站时已是夜间七点，我收拾行囊，低头走过家家寂静的门庭，走过沉默的枫桥。记得来的时候我也是这样低头走过沉默的枫桥，背上依旧是洗得发白的行囊，四百多个日夜过去了，我带不走苏州的一片云彩，甚至没说一声再见。唯有枫桥的石孔像一弯温润的眼睛，望着我被灯光牵得很长的影子。

二

我其实很想去秋枫巷十七号说声再见，可是慧师傅听不见了。

去年冬季她就已经去了无锡，深院里只锁着几盆枯萎的花和一地轻尘。

在秋枫巷我住十九号，慧师傅住十七号，两家近邻。十七号住房宽阔，空空的三间，住着她和一只黄猫。她曾经告诉我最初是住有五个人的，包括她的老伴和女儿。后来老伴去世，几个女儿出嫁，好比飞鸟各投林。"就剩我一个人住了三十三年。"她摸着手中那只孤零零的猫说。

这个数字吓了我一跳，三十三年。一棵树和她做伴也该藤葛垂垂，青苔上身了。她也确实瘦得像一棵落尽枝叶的树，但并不衰老，手脚灵便，很有精神，霜白的头发网在发套里像一枚光洁的茧。

我初来的那些日子，每天都把自己关在自己的世界里。邻里之间寂寂无声，唯独慧师傅爱探到门前扯家常闲话，东扯西拉不时夹点陈谷子烂芝麻的回忆，絮絮叨叨的话语让人似懂非懂。开始以为她对我的来历好奇，后来发现她其实跟每个人都有说不完的话，翻来覆去又总是那点内容，没有几个人理睬。我也不想理睬，只是手里捏着的空闲时间太多，总有躲不过的时候。

比如每天清晨，她都要敲窗户把我从床上闹起来，说她的兰草不能喝自来水，问我能不能下河帮忙提一桶浇花的水。河埠的石阶确实很滑，总不能看着她跌进河里吧，提了水就得听她漫无边际的感想与刨根问底。很快，她探明了我的家庭背景，也知道我患有肝病。原以为她有洁癖，地板一天洗三回，我带有传染病菌可以让她躲远一点儿。她反倒贴给我八十块提水费，说肝病是三分治七分养，拿这点钱添补些营养。我反复推托，拗不过她的唠叨，正好缺少夏季的衣服，就收下钱买了一套 T 恤衫。这套衣服惹得她很不高兴，她说给你钱是为了买点好药，你还讲究什么穿戴呢？

我也不高兴，觉得这老太太实在难缠，抠出生活费追着还给了她。这八十块钱大概让她有点儿难过，倒是很有效地让她安静了一阵。端午那天她又来敲窗户，喊我帮忙包粽子。到隔壁一看，一向空寂的十七号欢声笑语、热火朝天，几乎全巷的邻居都在给她帮忙——或者说她在给全巷邻居帮忙，各家差不多凑了两担糯米，有劳慧师傅包菜根香粽子。她吩咐我和邻居们淘米洗青粽叶，自己调馅配料裁叶扎线，一串串精巧玲珑的青菱小粽从她手底跳荡而出，动作熟极而流，让人眼花缭乱。我从不知道年年吃的白米粽子在她手里会变出那么多花样，豆沙、蜜枣、冬菇、春笋、桂糖、百合……四邻见了眉开眼笑。

"这可是正宗的菜根香粽子，菜根香啊！"桥西沈先生托着一只粽子，激动地对我强调。他说慧师傅曾在菜根香素菜馆主厨二十多年，一桌素斋让多少苏杭食客魂牵梦绕三月不知肉味。如今她年事已高，不再上厨，菜根香的核桃酪、炒三泥这些招牌菜已成绝响，连粽子都跑了味。

那天她忙到很晚，几大桶糯米都变成正宗的菜根香粽子，让四邻笑眯眯地瓜分一空，只有我空着手回去了。不一会儿，她送来两盘粽子，刚出锅，袅袅的热气让我心里骤然一暖。我从没吃过那么好吃的粽子，鲜香糯滑，难以形容。她看见我狼吞虎咽，非常高兴，念叨粽子没多少滋养，我脸上颜色不好，要多吃鱼羹鸡汤补补肝，记住要天天吃。我有些哭笑不得，鱼羹鸡汤离我还相当遥远，只是第一次觉得听她吴侬软语的唠叨并不心烦。

从此我时常吃到她做的菜。她似乎知道我毛病不少，性子很傲，往往是请我提水喂猫之后顺理成章地慰劳一下。她很疼爱那只黄猫，从不让猫饿着，每当菜根香请她出门去指点学徒，她就把一把钥匙和硬币搁在我窗台上，请我中午到菜场买点鱼杂喂她的猫。那只猫大概陪她度过了多年的漫漫寒夜，好多次我都看见她独坐灯下，寂寞地穿一串串晒干的莲子，只有黄猫温柔地趴在脚边。偶尔我陪她坐坐，她就特别高兴，教我怎样用豆腐干做素鸡素鹅。我问为什么要用豆腐代替，直接宰只鸡或者鹅不就行了？

"哦哟！"她赶紧摇头，"我是吃了一辈子素斋的，可不敢杀鸡。"隔了一会又对我说，"其实你倒是该喝点鸡汤……"

她最后一次给我做菜是初冬，医院给我发错了药，服过之后我吐得翻江倒海，她招呼邻居送我去医院，颤颤的惊呼像变调的歌吟。之后她又提来一保温瓶的桂圆炖蛋羹，让我瞪大了眼睛，在她的世界里，一个鸡蛋差不多就是一只鸡崽，很难想象她会把一个生命敲破。她叹口气说蛋羹的味道不会太好，这应该是春天做的炖品，要添一半荠菜，炖好的蛋羹半碗碧绿半碗嫩黄，爽口养胃，可惜买不到荠菜。

再过四个月荠菜就长出来了，我随口说。

我没料到四天后她就离开了苏州。她的猫突然失去踪影，她出门找猫时在枫桥上跌了一跤，就再也没有站起来。那时我还在医院里躺着。等我出院她已经走了，早年出嫁的女儿把她接到无锡去治病。邻居告诉我，背她出门时她已不能讲话，只是用眼光示意大妹妹帮我收起洗晾在窗外的床单，因为马上要下雨了。

我赶到枫桥边，载着慧师傅的船已经远去。桥下，浓绿的河面平静得一丝波痕也没有。

三

桥西六号的门上午九点准时上锁，那是奕哥出车的时间，现在他大概开着出租车穿梭在苏州的霓虹灯影下。我一直想去和他道别，可是在他出门的一刹那，我又下意识地闪进小巷的暗角，听着他的脚步渐渐消失。

他是我认识的第一位苏州邻居，来苏州那天，是他开车把我和堂兄送到秋枫巷口。听他讲话的声调轻快绵软是很纯粹的苏州人，只可惜外形黑而粗壮，与声音反差强烈。堂兄介绍说这是奕哥，好多年的同学兼近邻，今后有事可以找奕哥帮忙。他爽快地握握我的手，宽大炽热的手掌像捉住一条冰凉的鱼。你的手怎么这样凉？像一个女孩子——他冒出一句莫名其妙的感慨——体温这样低的人命运不太好，然后告诉我，有事上午九点前来找他。

我没有多少事，但免不了还是要找他，借他的电话给堂兄说说近况，或者借书。寂寂空屋时光漫长，除掉看书，日子也没有太多滋味。奕哥有数量惊人的藏书，顶天立地四排书架撑满两面墙。这些书没有一本是他买的，他说全是父亲的遗产，他父亲生前是苏州大学的教授。如此丰富的遗产他只管继承，从不使用。一本最通俗的《镜花缘》他两年前翻到十四页就搁在沙发边，至今仍停留在十四页，有点儿像果戈理笔下的玛尼洛夫。他倒是很乐意我去借阅，有时甚至催我快快地看多多地看。

"你翻一翻挺好。"他说，"省得给虫蛀了，这辈子傻到底也不会再买书了。"

实际上他是买过一本书的——如果可以算是书的话——地摊上一块钱一册的《麻衣神相》。他把这几页纸研究得很透彻，常常给乘客看相算命。他当然也帮我推算过，感叹我心比天高命比纸薄，还得意地问我算得灵不灵。那时全世界都知道我倒霉，他往惨里说自然八九不离十。其实他的命运比我也好不了多少，出身书香门第，该念书的日子却撞上政治运动，稀里糊涂下放到苏北农村。回城后好不容易娶了老婆生了孩子，又因为酗酒好赌，老婆忍无可忍甩了他，拖着女儿嫁给了一个水果贩子，把他独自撂在有四排书架和一堆蛀虫的空屋里。

有关奕哥的这些往事都是邻居的传闻，我很怀疑他是否真有一段酗酒嗜赌的过去，认识他的日子总见他全身修理得干干净净，待人和气，每天勤勤恳恳出车到午夜，只有周六闭门休息。空闲时我常见他翻女儿的相册，逐一重温女儿从出生到七岁的过程。如今女儿应该念中学了，他曾经想偷偷开车接送女儿上学，但女儿对他有太多心惊胆战的记忆，不敢见他，还说一旦妈妈和继父知道了自己肯定是要倒霉的。为了女儿不倒霉，他只好苦苦熬着，坚信过两年日子会慢慢光明起来。

"按相书上说我这个坎也该过了，明年就要龙抬头。"他对我说，"我只是担心阿珂的身体，她的体温和你一样冰凉。"

阿珂就是他的女儿，我总算知道为什么他一握我的手就会皱眉，也总算知道他为什么迷信命运，也许是迷信一个谁也不会给他的承诺。

除了《麻衣神相》，他后来居然又破例买过一些书，都是为我买的，比如《尤利西斯》。那是一本我硬着头皮也没有读完的名著，刚在国内出版，超出了他父亲的藏书范畴，冲着报纸上的渲染，想找他帮忙借来看看。

"很重要的书吗？"他问。

我含糊地点点头。"放心，我肯定帮你弄来，"他慷慨地拍拍我的肩，"多读书没错，我就是吃了不爱读书的亏。"

隔了两天，他把厚重的上下两本《尤利西斯》交到我手里，翻翻封底，定价不菲，够他开车跑半天的。不久，他还陆续给我买过两套高中英语和数学辅导书，那是听了沈先生的怂恿——做过教师的沈先生一度渴望把落魄的我栽培成自学成才的典范。他不惜傻到底买的这几本书我都没有兴趣啃完，却一直珍藏着，只为书本之外的热忱与感动。

他也求我帮过一次忙，替他送一封信给女儿阿珂。六月初，他很气愤地说女儿初中毕业想报考外语学校，继父却只允许女儿念普高，他上门去找前妻交涉反被撵出门来。想来想去，他企图制造一个既成事实，鼓动女儿悄悄报考外校，不惜拿出自己的积蓄给她做学费。他写了一封把女儿约出来的信，还撕了很多纸要我教他怎样将信折成女孩喜欢的纸鹤。第二天，他送我去苏州中学，远远看着我掏出纸鹤交给那个表情警惕手指冰凉的女孩。

到了约定的周六，他把家收拾得特别干净，把一个装满钞票的信封搁在手边，很有信心地等着。外面的每一次敲门声都能让他一跃而起，但是属于他的这扇门一直没有被敲响。他的表情随着时间的流逝渐渐僵硬，直到黄昏的余晖完全黯淡。

从此他不再对我提及女儿，每天也还是循规蹈矩地忙，只是眼底曾经荡漾的柔润渐渐变得呆滞。七月初，我换衣服忽而从裤兜里掏出两只洗烂的纸鹤，其中一只依稀残留着他笨拙的笔迹。我猛地一怔，想起那天给他示范折过好些纸鹤，大概有两只随手揣进兜里，也就是说，我无意中其实是把一页折过的白纸送给了他女儿。

整整一个夏天我都在愧疚和犹豫，不再上门借书，也尽量避开他孑孓独行的身影。我不敢想象他知道真相后会是怎样的愤怒和痛楚，他的女儿可能已经上了普高，愤怒和痛楚都不能挽回什么，顶多是再添上一道终生无法填补的遗憾。

最终我什么也没对他说，包括一句应该说的对不起和再见。唯有枫桥知道这个夏天我经常在桥西走来走去，却始终不敢叩响那扇沉闷的门。

四

也许，我还应该说说枫桥上的那道辙痕。

起初我完全忽略了枫桥石阶右边有一道平滑的浅槽。一个下雨的午后，我提一束菜匆匆过桥回家，撞见一个回收废品的人正推车顶雨过桥，就顺便狠狠帮他推了一把。谁知他一声惊叫，车轮晃了几晃，咣地翻倒，空酒瓶、废报纸和破皮鞋滚了一地。

"你！"推车的男孩年龄与我相仿，气愤地瞪着我，"推出辙了，知不知道？"

沿着他指的方向我才发现桥边的车辙印，光溜溜的，不知经过多少岁月的车轮才碾出来。很显然我帮了倒忙，把车轮推出辙歪到石阶上了。雨点哗地密了，我顾不上帮他拾废品，抱头就跑。他在背后嚷了一句什么话，夹有浓重的苏北口音。

　　我当然还会撞见他，废品是细水长流回收不完的。隔两三天他会推车来一趟，像上班一样准时，上午十点左右小巷就开始回荡他的吆喝："废纸——有卖么？废铁——有卖么？废塑胶……"声调有顿有挫很像歌曲，在清澈的空气里一遍一遍地唱。调子不是很好听，但他的嗓门的确不坏，在小巷周围远远近近游走一个上午依旧热情。太阳也很热情，把苦楝树叶晒卷，把他的歌声渐渐烤出了焦渴。午后，他的车上堆满了废旧的果实，又像蜗牛一样笨重地从桥上爬过去。

　　我没有废品卖给他，倒是经常在巷子里相遇，都是读高中的年龄，却都在这课堂之外的地方忙的忙闲的闲。他看看我，我看看他，想打声招呼又不知该如何开口。这样挨到了冬天，我刚收到堂兄寄来的生活费就在菜场把钱包丢了，我口袋里只剩几枚硬币，在堂兄补寄之前无论如何不够吃饭买药。慧师傅已经走了，我也不愿意低头找奕哥借钱，每天能吃到的菜就只有一块腐乳。

　　弹尽粮绝的日子，我只能在枫桥边守着邮递员。绿色的汇款单迟迟不到，却又在桥上碰见回收废品的男孩。上桥时我小心翼翼帮他推了一把，这回车轮没出辙，他扭过脸冲我笑了笑，整理嗓子开始吆喝废纸有卖么。他的吆喝意外地提醒了我，赶紧喊住他，回家抄出一双半新的皮鞋，是母亲离婚前给我买的。我满脸苦涩地把鞋擦干净，当废品递给他。

　　"想卖好多钱呢？"他问。我算了算急需的开支，报出一个废品不可能承受的数字。果然他摇摇头。我慌忙补充，你定个价吧，少一点也行。

"这鞋不是废品。"他把皮鞋扔给我，说了一句我不敢置信的话，"实在等钱用可以借你一点。"他细细数出一叠毛票放在桌上，差不多就是我报的那个数字。出门时他扭头说："不要你打借条，记得要还。"

这点钱零零碎碎的，竟让我的呼吸一下子急促起来。

第二天，堂兄的汇款来了。我急忙到枫桥边等他，平常总看他往这里跑，想见他却久候不至。半个月后才盼到他来，我高兴地把一张张钞票数还给他。

"数目没错吧？"我问。

"没错。"他把钱卷好塞进帽子里，笑一笑推车走了。直到他消失在深巷里，我才记起来，忘了和他说声再见。

从此，我们也确实没有再见。那以后，小巷里再没听到他的歌声。回收废品的人还来，换了个挑担子的温州老头。打听他的消息，老头摇着脑袋伊里哇啦比画了一通，我全没听懂，隐约明白是很难在苏州见到他了。不知道他是回苏北上学还是换了个做工的行业。枫桥上那道车辙还在，他消失以后，推车过桥的人很少。雨天，常看见桥上两道寂寞的光痕，湿而且亮。

五

今夜也没有一声再见，我悄悄告别沉默的枫桥。夜色把缱绻的江南深深掩埋，唯有枫桥守在我回家的路上，挽着苏州脉脉的流水也挽着一个异乡人留给苏州的乡愁。我低下头把脚步挪得很轻，唯恐惊动桥下那颗唐代的月亮……

精彩 赏析

本文使读者完全沉浸在一种缱绻、舒缓的氛围之中，叙述了"我"寄居苏州的一年间，与当地的人们深切交往时所发生的种种事情。比如，素食主义的慧师傅从不杀生，但为了"我"能好好养病，她认为"我""该喝点鸡汤"；出租车司机奕哥总是说"这辈子傻到底也不会再买书了"，但他为"我"买了《尤利西斯》和参考书，只为让"我"多看书；来自苏北的收废品少年，不计前嫌，借钱给"我"应急，甚至连借条都不用打；还有粗略描写了鼓励"我"自学成才的退休教师沈先生、慧师傅的邻居……正是这些当地居民的真诚、热情、善良，让"我"这个异乡人在苏州的小巷子里找到了故乡的感觉，一种强烈的归属感油然而生。作者在叙述的过程中，并未使用任何优美的辞藻去描述寄居生活是怎样的，而是单纯地以平铺直叙的方式将邻里街坊间最朴实、最真实的画面呈现了出来，令人心弦共鸣。

雨　蝶

🌸 心灵寄语

> 千里莺啼绿映红，水村山郭酒旗风。
>
> 南朝四百八十寺，多少楼台烟雨中。
>
> ——[唐]杜牧《江南春》

撕下最后一页炫目的阳光，日子就跳到了秋天——这一般是形容江北的秋季，苏州的秋天大多是用一场雨开头的。

春天开头的其实也是烟雨，而且名气比秋天更响。戴望舒笔下结满丁香愁怨的雨巷，陆游听到杏花叫卖声的那个雨后清晨，大约都集中在春天。雨在江南其实是有点儿春秋不分的，一样的细，一样的酥，像炊烟一样迷茫，像无处不在的网，像廊檐下风吹来的二胡，如泣如诉，牵扯不断。秋雨褪掉的只有颜色，水瘦了，芭蕉剩下寂寞的叶子，深巷的屋顶远看像乌沉一片的船，一层层浮在空白的烟水中。

雨中不败的色彩大概是纸伞，远远近近浮萍似的在晨雾中飘游，到街头汇成一条流淌着色彩的河。我撑的那把伞没有颜色，是一块透明雨布制成的，伞是多少有点儿旧了，让从前的主人随便挂在石桥栏上又被我买菜时随便捡到，还顺便捡到了幸运。

幸运是一只狗，小眼睛在绒毛里乌溜溜地躲闪，不太好看可是有点儿好玩。我在十七岁那年因病休学寄居到苏州秋枫巷，迎头就撞上秋天的雨，那场雨半个月都没有散去。雨点沙沙像无数的蚕啃着苏州的秋天，也啃着我寂寥的时光。我每天只出门一次，到菜场买菜，起初懒得买伞，趁雨停歇的空档飞快跑出跑进。雨后的早市清新而潮湿，紫皮茄子、红嘴菠菜、安静的木香花和爬动的青蟹都闪着水珠，晶莹生动又弱不禁风的样子，有点儿像我当时的表情。

终于有一回在我拎一束菜跑到中途的时候，雨点就兜头浇下来了。仿佛命运设计好的，我在石桥上捡到雨伞，紧接着一只小狗飞快溜到伞下，它被雨淋得晕头转向，呜呜叫着，湿漉漉的鼻子小心翼翼地嗅我的脚尖，像是孩子哭诉也像是表现乖巧。我把它抱回家，喂它葱油饼干，这是狗不感兴趣的玩意，但它老老实实吞了下去。后来知道它叫"幸运"我忍不住笑了，这名字给人活泼讨巧的感觉，如同夏日午后突如其来的风。它确实长得像它的名字。

幸运坐在菜篮里陪我买过一次菜，回到秋枫巷雨歇下来，它就失踪了，也许是找到了主人。再见到它已经是七八天以后，它跑到菜场被贩鱼的阿七扣在鱼筐下，嗅到我的味道后立刻呜呜叫个不停。

阿七笑眯眯地望着我，我很不情愿地凑过去。这家伙算是秋枫巷的邻居，服务态度好得让人吃不消，比如初次见我买菜，亲戚似的包几条小黄鱼非要送我尝鲜，说我孤身在外不容易，这份关照只给我，等我推托不掉再吞吞吐吐报出黄鱼的分量和价格。起初做他的买卖很高兴，后来发现他对所有顾客其实是一视同仁地关照，再后来从他卖的两条秋刀鱼块里清理出了三个鱼头，我就有点儿生气，下回买菜故意绕过他。那时的年龄不会计较一个鱼头，是怕见面时比他更早地脸红。

"这狗是我的。"我说。

"你？"阿七揶揄地问，"你晓得它叫啥名字？"

我怔住了，还真不知道它叫什么。阿七见缝插针地推荐："买带鱼吧，营养极好的。"我犹豫了片刻，决定买下带鱼为狗的问题做铺垫。付过钱，不等我说狗，阿七爽快地把它托到我面前："记住了这狗叫'幸运'，是巷底五娘家里的。早上捡到它准备卖完鱼就送去，麻烦你捎给她了。"

我险些把那条软得一塌糊涂的带鱼掼到他脸上，幸运吭吭了两声，有点儿恳求的意思，我只好像个傻瓜一样把它接过来。

于是我敲响巷底那扇垂了紫萝的门，门缝里探出一张微笑的脸，用侬软的苏白问，"倷有啥事体？" 这大概就是五娘，慧师傅说她在清风茶社唱评弹是顶好的，拨过琵琶的手依旧娟秀，但眼角和鬓边已经染了浓重的风霜。看到幸运，她欣喜地接过去："好哉，又找回了，多谢多谢。"

她一定要我进门，给我煮酒酿元宵。进去后，庭院很小，夹竹桃和月季都枯了，茂盛的只有青藤和锈在砖缝里的苔痕，到处弥漫着淡淡的中药味，气氛苦涩而幽暗。元宵端上来，搓得珍珠米大小，一碗端给我，另一碗送进卧室里。她赔着点歉意说："你见见子平好吗？陪他说说话，他闷得太久了……"

卧室暗角里，她的儿子仰靠在一圈冰凉的台灯光下，很不情愿地瞥瞥我。他和我年龄相近，剑一样的眉，比我英俊但是比我矮——两条腿被整齐地锯掉了。他敏感地注意到我视线停顿的位置，幸运撒欢凑过来，他突然举起那碗元宵向小狗砸过去，惊天动地的碎裂声中，幸运哀号着窜出房间。

他神经质的愤怒让我难堪极了，招呼也不打扭头就走。背后依稀传来五娘的声音，大概是希望我改天再来。

我才懒得再来碰这额外的钉子，同时也明白幸运如此乖巧为什么还屡屡流落街头。后来才知道，同情幸运的远不止我一个人，慧师傅、陆家师母、挟文件袋上班的吴干事和卖花的大妹妹，周围的邻居都为它叹气。他们说这是纯正的马尔吉斯狗，买来后一天到晚挨打，书本、茶碗、药瓶……抓到什么就砸什么，砸得失踪了几回。它的身价还挺贵，大家捡到后也不好收留，只得送回去继续挨打，这叫幸运的家伙实在是太对不起它的名字了。

那孩子以前也不是这个样子。据陆家师母说，念初中还很礼貌的，挟个蓝球跑进跑出，满脸的汗水和阳光，后来动不了，脾气就跟着坏了，五娘一步也不敢离开他的。最近一次是下雨时五娘请人背他上医院，刚上桥他突然挣扎滚下来抓起幸运往河里甩，让一巷人心惊肉跳。

我估计也就是那天五娘把幸运和雨伞遗失在了桥上。

隔两天，雨下得薄了好多，我拿上雨伞还给五娘。她连声说不必了，不必了，你用着蛮好的。迟疑了一下，她又央求我可不可以帮忙照看子平一个多小时，她要出趟门。

她照例又赔上歉意的微笑，让我不好回绝。也就是六十分钟而已，顶多不跟那家伙讲话，不让他出事就行。五娘走了，我低头逗幸运玩，他也确实不跟我讲话，心情是一如既往的不好，埋头翻一本花里胡哨的小说，瞟一页就撕下来，捏成纸团四处扔。幸运机灵地叼起纸团，摇头摆尾放在他身边，丝毫不在意他的白眼。一小时就这样他扔它捡，我喊了两次幸运也不理，真让人哀其不幸，怒其不争。

等五娘买了菜和中药回来，我对幸运扮个鬼脸，准备回家。

"喂！"他突然慢吞吞喊住我，"你这人不算讨厌，有空再来。"

我诧异地回望他固定在灯光下的侧影，冷峭单薄，藏着不可言说的孤独，像我自己的影子。我也不算讨厌他，毕竟，命运让一个人活到最勇往直前的年龄，突然把他前进的动作彻底拿掉，还有什么比这更残忍的？

没等我再去找他，却意外收到一封信。拆开，他写来的，相距不过一百米，不知有什么话要绕半个苏州递过来。

"喂"，叫了一声后，他划掉了"你好"两个字——

"突然想找个人说说话。这段时间总是别人围着我说，没有让我开口的机会。上星期，老钱（我猜想大概是他以前的班主任）极其愚蠢地带全班同学来慰问，挤得窗外都是人，那么多嘴说的其实是一个意思，勉励我坚强起来，写作文似的。让我伤心的是王皓也这么说，从小学开始跟他的交情好得可以替对方吃刀子，我的腿一坏掉好像过去的日子也跟着锯掉了，王皓一个劲对我笑，还约我病好再去打球。我气极了，不是因为再也打不了球，是讨厌他藏在笑里的同情。

"前几天，我想开口和你说话的，太多念头埋在心里发霉。生病以来身体动不了，脑子却总停不下来，好多平常永远不会去想的细节都涌到眼前，纷纷扬扬灰尘似的越扫越多。我甚至想起读初二和女班长吵架说好男不跟女斗，结果无意让女校长听见，以后校长看到我老是一副不喜欢也懒得计较的样子，像你现在面对我的表情。不喜欢无所谓，总比同情和优越感好一些……"

他大概已经知道命运留给我的天空并不比他大多少，除我之外，也很难再找到一个不那么居高临下表达同情的人，就如同我知道任何善意的同情都不会给他安慰，只会让他联想到别人站着而自己跪着。

从此，我常踏着细雨淋湿的石板路去找他，陪他说话，偶尔也推他的轮椅去茶社转一圈，让五娘和幸运都高兴。跟他谈话并不是一件好玩的事，他的情绪忽冷忽热，念头也起伏不定：刚刚还回忆他打球从不接女生的手绢抹汗，怕人家笑死掉，莫名其妙又提起阿七的带鱼，责怪我解决问题为什么不用男人的方式——揍那家伙一拳；刚刚说喜欢过他和他喜欢过的两个女孩都姓丁，他总是傲傲的不理她们，蓦地眼神灰灰的，又说"现在说什么都是胡扯，你不懂的"。

我不止一次气得把他扔在半路上，等他的轮椅卡在桥上进退两难才憋住得意回去推一把。男孩之间不欢而散的结果常常是积攒更多的交情，他气冲冲叫我滚开，回头又忍不住写封信来，补充不愿直接交谈的内容。在他家里交谈有一个必须远离的禁区，一旦涉及跑、走、踢、跳……五娘的眼光会及时插进来，阻止我说出一切与腿部运动有关的字。

"现在的名字是生病以后妈妈到寒山寺求签改的，付了不少钱，祈求能给她的儿子带来平安。她对我的期望只能降到最低限度了，过去我的姓名里有一个豪字，妈妈是希望我能给她骄傲的。那时候她把我未来都设计好了，做一个高尚体面的医生。我偏偏不喜欢医院的来苏水气味，也不喜欢按别人指的方向行动，一心迷上篮球，做梦的动作都在灌篮，让我苦恼的是球一到手里就转不开，进球的欲望可以将我憋死，水平却一直停留在被淘汰的边缘。教练说我打球没指望了，当真热爱体育不如去练练跳高。我赌气去跳，连续跳了几个让自己都吃惊的高度。接下来的日子辉煌极了，在别人仰起的目光和横杆上飞来飞去。最后一次是参加全省青运会选拔赛，我报的高度前所未有。助跑，起跳，猛地像踩了一万根烧红的钢针，重重摔在地上，一瞬间的剧痛后腿就没有知觉了……

"你猜我现在最怕什么？痛苦？还是孤独？都不是，对丧失知觉的人，痛已经是一种奢侈品。我最怕妈妈的微笑。我生了病，她直接就老了。当初爸爸去世时我根本不记得他的模样，我成了妈妈唯一也是一切的希望，连接着她的呼吸和梦想。最终我没有给她骄傲，甚至不能像任何一个平凡的男人站起来，就这样她还对我微笑，比哭更让我难过。"

事实上他对待母亲并不像信中写得那么体谅。我记得五娘给他端皮蛋肉粥总要先绕到镜子前，看看眼里是否残留着潮红，仔细擦一擦再走九步进子平的房间。这九步的距离往往又给她的微笑掺上一星湿痕，子平就冷漠地说："你的脸怎么老是擦不干。"

但她还是尽量温婉地微笑着，用唱评弹的声音跟寄卖行商量变卖家具首饰。她有一整套家传的清代雕花梨木家具，结构繁复，全用榫卯拼合，古朴坚实，涂上核桃油后光亮鉴人。每月中旬，寄卖行的小货车按时来拖运一两件台柜桌椅，曾经辉煌一时的陈设渐渐形同老人的牙齿。折合的钞票源源不断输送给医院，余下菲薄的生活费她也安排得很像样，摘墙外枸杞头凉拌海米，剥两颗白果炒杏仁，维持着江南生活的精雕细琢。她甚至买来洗发香波，背靠橘红的夕阳给幸运洗澡，一板一眼地哼着弹词。

幸运洗澡是有点儿愁眉苦脸的，它不习惯被浸成落汤鸡，更主要的是它能预感到洗澡后的结局，即使收拾得像个矜持的模特，子平也会把它揉得狼狈极了或者干脆泼它一杯冷茶。所以等五娘转身去拿吹风机给它烘绒毛，它就抢先在地上打个滚把自己再度弄脏。可是不管它多么殷勤多么随机应变，总是逃脱不了挨整的宿命。

它被子平毫不客气地从沙发拨拉到地上，两眼汪汪无辜地瞅着我。

"我说你这家伙怎么老跟幸运过不去？实在讨厌它的名字改掉就完了。"

"你别管，这跟名字没关系。"他生硬地说。

很快我就知道那确实和名字没关系。细雨如丝的下午，我从奕哥那里借了塞林格的小说，顺便捎给子平看看。隔着半掩的门，感觉小院里多了一个瘦长的身影，中年，戴黑框眼镜，低头往石桌上掏纸包，像是干果还有些草药。最后他掏出几张整洁的钞票，没有人接，也搁在石桌上。五娘替他打着伞，没有照例赔出微笑，两张表情都是沉闷的。四周寂无声息，一瓣紫丁香跳落到另一朵花上面，心神不定站了好久，不掉下来。

雨密了些，青藤簌簌地响。那人顶着细雨走了，心事重重的脚步惊动了那瓣丁香，忧伤地在风中坠落。

此后他又来过两次，陆家师母和买菜的主妇们在背后交头接耳，我就知道别人叫他徐先生，过去在茶社拨三弦唱评弹，是五娘半生事业的搭档，幸运就是徐先生特地买来给子平解闷的。

它大概发挥不了什么作用。在子平回顾的片段里，失掉双腿后脑子里全是懊恼和古怪的倔强，他每天把收音机的音量拧大到极限，闹腾得四邻忍气吞声。他和王皓下棋，走了两步突然把棋子掀得满地乱跳，有一颗子等王皓蹲着找了一刻钟，他才冷静地提示滚到书柜左侧了。但他不冲五娘发脾气，无数个冷寂的夜里，他瞪大眼睛听着母亲辗转的呼吸，知道母亲也彻夜睁着眼，只等熬过清晨四点起来磨新鲜豆浆。母亲的腰已经压得有些弯了，他摸摸空了一截的裤管，想到没有印象的爸爸，泪光把空洞的夜放大得更加没有边际。

幸运就是这个时候送来的，没有引起他的注意。紧接着五娘讲的一句话却让他不得不注意了，"家里需要一个人帮帮忙。"

男人？他警惕地盯着幸运，这狗是他送来的？

母亲低头把一只碗洗得足够漫长，好一阵才幽幽地说："没有办法的事，你的手术费也不够……"

幸运嗷地尖叫一声，被他俯身抓起来要往墙角摔，他的手猛地被五娘湿漉漉的手攥住，那一刻五娘苍白的手指坚定得惊人。他松开手，让幸运垂直掉下来，两眼无神地盯着玻璃窗，大雨奔流，小院迅速积起一层无法宣泄的水。"统统淹掉算了。"他说。

那以后我就来到了苏州，接下来的事差不多都撞上了，他更加暴躁，不可捉摸，目标常常指向幸运。子平心里非常清楚，这只来帮忙的狗是个提前预告的信息，它和它代表的那个人使母亲变得陌生了。

幸运后面的人最终也没有出现，五娘不说原因，他也坚持不去问。丝丝缕缕的孤独和郁闷织成一个茧，把他裹在里面，和母亲隔开。他憋闷得受不了就找我说话或者写信，每天有足够长的时间不和五娘说一个字，毫不理会母亲炖的鱼翅百合，甚至不许我接过五娘一同端来的炖品——外人的东西，别碰——他告诫我说。

五娘当作没听见。太多的事等着做，她忙得日渐迟钝，灰暗的微笑长时间挂在脸上撤不下来。

就这样僵持着过了一个秋天和一个干燥的冬天，只有幸运活跃着，有时趁人不注意跳上书桌抓烂一张药方，或者故意绊翻水杯与果篮，反正结果不会比无辜挨打更坏。它的待遇居然好了起来，子平对它的行为保持一种恶作剧的纵容，偶尔瞪它一眼，它老老实实蹲着，表面上一副悔不当初的样子，一转身继续捣蛋。

烟雨再来空气里已经有了绿的痕迹，天空除了浮烟，多了燕子和风筝。初春的风懒洋洋的，常有拖一截线头的风筝栽进小院里，潜伏在紫萝下抓粉蝶的幸运迅速转移目标，纵身一跃，绒毛银丝万缕地飞散，逗得子平也闪过一丝笑。子平的笑让它得意极了，它抓破地上的纸鸢，冲天空高高在上的风筝汪汪狂吠，劝都劝不住。

"纸鸢翅膀做得不对称，飞不高的。"子平若有所思地说，"两年前我做过更大的一只。"两年前他的形象简直阳光极了，把现在的表情都晒得晴朗起来。五娘试探着说："要不，再做一只风筝去放？"

他想了想，说要准备画笔丝线和纸。五娘赶紧擦干手准备去买。"我想自己出去走走。"他扭头对我说，"桥西就有卖的，你推我去。"

幸运自告奋勇跑在前面。刚开门，迎面竟然撞上准备敲门的徐先生。徐先生拎着火腿板鸭还有一只精致的彩蝶风筝。我望望子平，他腮边咬出一根坚硬的筋，冲动的心跳我都听得见。幸运大概已经不认得徐先生，龇牙叫了两声要他让路。徐先生轻轻咳嗽一声，把风筝递给子平："春天来了，放放风筝挺好，喜欢吗？"

"多少钱？"他漂亮的眼里跳着一簇桀骜的光芒。

"这是……"徐先生像个孩子温和而不好意思地搓搓手，"我专门给你扎的。"

"你搞错了，我不认识你！"他手一挥，将那只彩蝶啪地打落下来。五娘闻声出来，一瞬间场面完全凝固，只有幸运兴致勃勃地把彩蝶撕得发出了无比清脆地一响。

这一天的夜晚雨来得毫无声息，在潮湿的墙角绽开阴暗的苔痕。我反复翻着一张过期的报纸很晚才睡，猜测子平在干什么。这情景就像一列失控的列车难以挽回地狂奔，不知道路的尽头会延伸到哪里。

最终它就在这个深夜悄悄停了下来。在我沉睡的时候，子平被奇怪的窸窣声惊醒。他转动轮椅到客厅里，发现五娘凑在灯下补那只风筝，幸运撕得太猛了，蝴蝶翅膀上添了两片不规则的苍白。即使完好无损，子平也绝对不会要的，何必补得那么难看。他一言不发瞪着母亲。

五娘平静地说："补好了，明天徐先生会带你去放的。"

"我不！"他恼怒地调转车轮，蓦地听到一声细微的震颤，五娘的手指划开了，一滴鲜红洇在蝴蝶翅膀上。母亲在背后说："总得有个人愿意照顾你，算妈妈求你了，我等不及了，下星期……得再上医院看看。"

妈妈的话像一根针，把他积蓄的气愤一下子捅漏了。他回头惊恐地看着妈妈捂住左胸的手，那里曾经有一粒碎米大小的肿块，在他出生的时候就埋伏下来了，很小的时候他随妈妈做体检听护士讲过，遗忘得太久了。现在碎米应该扩张了很多倍，大得把妈妈的日子挤占得所剩无几。

　　第二天雨色朦胧，他和五娘打着伞去了外城河边，幸运抖动长毛上的碎雨滴，欢快地跑在前面。我还在晨梦中逗留，不知道雨中的蝴蝶会不会飞起来。在我十七岁的日记里，我一直愿意设想那一天天晴朗得像一顶透明的蓝色大伞，五娘拉长线跌跌撞撞地奔跑，一阵温和的风被她打动，彩蝶越爬越高，像点在天上的一个逗号。而事实上它更可能刚抛进雨中就漂入河水随波远去，一只蝴蝶永远失去了飞翔的力量，但它庆幸来过这世界，承载过这世上的风雨和温情。幸运不甘心地趴在河沿叫了一声，子平的手摸着幸运湿漉漉的小鼻子，也抚摸着它活泼的呼吸。

精彩 — 赏析 ——

　　本文是作者以第三视角来讲述五娘和子平的故事，其间并未掺杂任何的情绪表达，却让人真切地感受到了故事所传达的情感，并将悲惨故事中那仅有的美好展现得淋漓尽致，令人不禁愤慨少年的某些过激行为，但又为少年的不幸遭遇感到惋惜、同情。文章开篇采用循序渐进的方式，通过遇到小狗“幸运”引出五娘和子平的故事，并以旁观者的身份闯入二人的生活，去感受他们的情感和理解他们的想法，使故事更加真实，令人感同身受，并与之共情。文章结尾是整篇故事中唯一的一处美好，也是文章的点睛之笔，让沉重的心情瞬间得到了放松。

四弟的伊甸园

🌷 **心灵寄语**

记得小时候，我画的海是绿色的，妈妈说海是蓝色的。可是，妈妈，每个人眼里都要有自己的海呀……

一

姑妈说，四弟的故事应该从那场火灾写起。

四弟林亦文是我姑妈的儿子。1983年，6岁的四弟在邻居的木阁楼上遭遇了火灾。阁楼上困着三个小孩，除了四弟，还有7岁的男孩浩然和5岁的女孩洁然——都是姑妈的邻居惠文老师的孩子。木阁楼即将坍塌的时候，惠文老师闯进火海，一手抱起洁然一手抱起四弟冲出了烈焰浓烟。

她没有第三只手抱第三个孩子。

7岁的男孩浩然永远留在了那场烈火里。

英雄母亲的事迹从此在江城宣讲了十三年。十三年，四弟沐浴在惠文老师金色的荣誉下，成长得十分优秀。优秀，当然是英雄母亲培养的结果。这一点历年来被人充分、透彻且及时地报道过。

1993 年，我也凑热闹弄过一篇报道，凑了四千字，刊在《湖北中学》杂志头条。我兴冲冲地把四千字送给姑妈，想象着她会双眼一亮，但姑妈只是随手把我的一点儿虚荣塞进了书桌抽屉。

那整整一抽屉都是关于惠文老师和四弟的文字：报纸、杂志、书籍、纪实、通讯和报告文学，让人眼花缭乱。其中最厚的一本纪实文学《烈火·阳光·飞翔》，十三万字，本市著名作家董炎的作品。四弟的经历被他写出了交响乐的味道。和这样的手笔挤在一堆，我那四千字被压得如陈年橘皮一样干瘪。

那天姑妈的确顾不上我的四千字，忙着挂一幅气派的扩印彩照。类似的彩照客厅里已挂了三幅，分别是四弟扶着惠文老师和团省委书记、市长、省教委主任的合影。忙着上墙的第四张彩照又是和谁的合影？姑妈说，是胡副省长。

……

现在，写过四弟的人大多该忘掉四弟的故事了。1996 年，四弟于高考前夕离家出走，至今未归。那一大抽屉熠熠生辉的文字里，找不出一行能够解释他离家出走的原因。

所以，我想重新写写四弟的故事。

那些被一抽屉文字漏掉的故事。

二

姑妈说，林亦文怎么可能离家出走呢？他那么出色，那么有前途，高考前还获了全市见义勇为基金奖，上大学免试是没商量的，就算公平竞争也照样进复旦大学。再说，林亦文是有抱负的，将来要做一个杰出的人物。有抱负的人会放弃仅剩一步的攀登？会逃避最后瞬间的冲刺？何况他并没有遭遇什么暴风雨，一直在阳光中飞翔。

是的，林亦文怎么可能离家出走了呢？

可问题是，他的确是离家出走了。

他是不是真的没有遭受任何暴风雨呢？答案也应该是肯定的。四弟学习成绩一流，小学是模范大队长，乘风破浪到高中任学生会主席。家庭条件也很优越，姑父是省医学院院长，姑妈是机关干部，还有惠文老师额外补贴的一份母爱。确如董炎那本书所说，四弟一直在阳光中飞翔。

不过，他飞翔得并不快乐。这是我搜集到有关他出走的第一个因素。四弟的姐姐亦平说，亦文对惠文老师的感情可不像别人写得那样单纯，他和惠文老师当然是有感情的，但又不情愿埋在惠文老师的光环里。

例如，董炎写的那本《烈火·阳光·飞翔》一时反响热烈。四弟也佩服董炎的文笔，可内容烫得他受不了，夸张之处太多。四弟尤其不能忍受董炎对他姓名的歪曲："他用自己的人生符号纪念着惠文老师，也要学老师那样，做一个大写的人。亦文，这两个字就是庄重的承诺！"从字面上解释，"亦文"是"承诺向惠文老师学习"似乎说得通，但四弟认为自己出生时父母就起了这个名字，而那场让他和惠文老师产生联系的火灾是六年后才烧起来的。为这事，四弟找过董炎，找过出版社，坚决要求恢复自己姓名的正确定义。当然毫无结果。姑妈就给他做思想工作："你不要钻牛角尖……"

"我钻牛角尖，他们在玩弄我！"

姑妈被"玩弄"惊呆了，当时正吃晚饭，一匙汤忘了喝："宣传你，赞美你，倒成了'玩弄'？"

"那就该容忍别人随便捏个帽子，正的歪的任意往我头上戴？"

"你不要钻牛角尖！"

"我没有钻牛角尖！"

……

"我的姓名是我自己的！"四弟愤愤然，把冬菇海参从汤里挑出来，让一大碗汤清白得毫无内容。

姑妈说："又是自己！自己！没有惠文老师哪有你自己？"

四弟反问："有了惠文老师，还有什么是我自己的？"

最后，姑妈说："你想想浩然……"

四弟就默默喝汤。

据我所知，四弟向姑妈强调"我属于我自己"有好些回，但无一例外被"你想想浩然"这五个字制伏。具体事例搜集如下：

1.四弟患过"荣誉过敏症"。四弟在十二岁前也还喜欢参加演讲报告表彰，习惯依偎在惠文老师怀里对着摄影镜头甜笑或者热泪滚滚。可是一回、十回、百回，笑得太多哭得太久，四弟渐感无聊，继而紧张，过敏。后来学校一通知他参加什么活动，四弟就心慌喝水，夜里肯定尿床。惠文老师作为全省教育界的一面旗帜，偏偏热衷在各类宣传表彰会上飘扬，而林亦文这个由光辉形象培育成的果实必不可少。四弟在荣誉过敏症里越陷越深。念到初二，总算是不尿床了，却又染上了失眠。有一年，市教委为庆祝教师节，安排四弟上表彰会场给惠文老师献花。教师节前夜，四弟照例失眠，偷了姑父的安眠药。服一片，毫无反应；再服一片，一小时后又服一片……次日四弟失踪。表彰会上一片尴尬。直到中午,姑父才在卧室的卫生间里找到他,他竟会坐在马桶上睡得唤不醒。此后一有活动,四弟绝不合作。惠文老师一阵叹息,各类活动也一概谢绝。学校要求家长协助四弟提高思想认识。四弟嚷道:"我有自己的兴趣。"姑妈说:"你想想浩然!"四弟只好低头。

2.1993年夏,四弟初中毕业,中考成绩全市第二名。四弟收到实验中学和二中的录取通知书,都是全市重点高中。四弟想进实验中学,姑妈坚持送他进二中,理由是惠文老师在二中执教,可以时刻关心四弟的成长。四弟说:"我总可以选择自己的天空飞吧?"姑妈说:"你想想浩……"

3. 四弟进二中后参加分班考试。二中高一共七个班,新生按进校测验成绩结合升学总分分班。成绩最佳进一班,依次筛选,分数最差到七班。惠文老师是一班班主任。分班测验,四弟每科分数全是60分,结合升学总分只能分到三班。惠文老师查阅四弟的考卷,发现他居然只选最难的题解答,简单题不做,60分到手就交卷,看来是故意躲过一班。惠文老师坚决地对周校长说:"这说明亦文还有很多毛病要克服,我要求当三班班主任!"四弟于是想方设法进四班,姑妈勃然大怒:"把所谓你自己的选择扔到垃圾桶里!你想想……"

4.1994年春,惠文老师50岁生日。二中高二(3)班学生商议为老师开一个生日晚会。全班同学每人设计一份别出心裁的礼物交给惠文老师,再由老师在晚会上把礼物混成一堆分给大家,让每人收到一份快乐与友谊。四弟赞成这个方案,最终却没有贡献任何礼物。因为他没有别出心裁的权利。班长代表班委郑重要求他到电视台给惠文老师点播一首歌《长大后我就成了你》，这是最合适的礼物。四弟说："你们都有表达心意的自由，那么我的自由呢？"他知道回家后姑妈会有那句"你想……"等着，干脆请个病假把生日那天躲掉了。

以上这些事情，对惠文老师不可能没有刺激。尤其是逃避庆贺惠文老师的生日，全班同学无不愤慨。为此，姑父姑妈特地登门道歉。

"我们对不起你。"姑妈痛心疾首地说，看看书桌上浩然的照片，痛心就增加了很多分量。

"我没有怪你们。"惠文老师说，"亦文也是我的孩子。"

"亦文怎么对得起你，十年来每天都由你督导功课，连穿的衣服袜子都有一半是你买的……"姑妈絮絮地念叨。

惠文老师反过来安慰姑妈："孩子大了，该有自己的想法，再说，孩子还是优秀的。"

姑父插了一句感叹："优秀的孩子竟会变成这样！"

三位父母一时无话，对着一盏迷茫的台灯和三个孤独的影子发呆。

后来，姑妈说当时她心头忽然掠过两句对话。

"没有惠文老师，哪有你自己？"

"有了惠文老师，还有什么是我自己的？"

姑妈的心往下一沉。平生第一次，她产生了不祥的预感，对四弟的未来有种不可把握的感觉。

姑妈想，前一句话是天经地义的，惠文老师为四弟牺牲了儿子和家庭，给了四弟母爱、荣耀和前途。四弟一帆风顺地走到今天，哪一步不是惠文老师为他铺平的呢？他还缺什么？

"有了惠文老师，还有什么是我自己的？"

简直不可理喻。

关于四弟逃避庆贺惠文老师生日这件事，我想做一点儿必要的补充。事实上，"逃避"这个词用得不太准确，四弟逃避的只是那场晚会。惠文老师生日过后的第三天，四弟放学后特地到滨江公园为老师放风筝。这一天正是浩然的生日。浩然活着的时候，惠文老师总是将自己的生日挪后三天，和儿子一起放风筝庆贺。那场大火过后，惠文老师在每年的这一天还是会带四弟与洁然放风筝，而且每年单独备一只纸鸢，替浩然放上天。

那天傍晚，四弟又取出一只纸鸢，放飞。晚霞烧过的天空，像疲倦而安宁的脸。惠文老师也抬起疲倦而安宁的目光。风筝定在夕阳边，像一个快乐跳荡的音符。

惠文老师目不转睛，眼睛渐渐润湿了。风筝上天时飞扬着一行字：妈妈，我就是你的浩然。

三

记得1993年秋，我为四弟写了那篇干瘪的报道。四弟对我说："你该知道舒婷的《神女峰》中有一句诗，与其在悬崖上展览千年，不如伏在爱人肩头痛哭一晚。"

我说："当然。"

四弟又说："有人模仿写了两句诗送我——与其在阳光下制成标本，不如在黑夜里自由呼吸。"

当时，四弟的神情如同一只淋雨孤独的鸟。而这一年他不过16岁。

为此，我不得不在写报告文学前，淘一淘那些给四弟镀金展览的文字，看看里面有多少含金量。

于是我找到他。他外号老枪，曾和四弟同学，不过他一直蹲在七班最后一名。他住的别墅楼倒是气派非凡，走进去后无形中感受到了财富的压力。我知道他，缘于董炎那本《烈火·阳光·飞翔》，他被写成二中的害群之马。他父亲忙着跑生意挣钱，母亲忙着打麻将花钱，他忙着无事生非糟蹋钱。但他是四弟的朋友。据董炎描写，他和四弟的友谊起源于打架。他和两个小痞子在校门外强拉一个女孩看电影，四弟挺身而出，以一敌三。结果四弟头破血流，他们三个趴在地上动弹不得，四弟又送他们进医院。出院后，老枪就成了四弟最铁的朋友，表现也日新月异，虽说学习成绩没什么太大的起色，但够让学校满意了。

他应该是和四弟的世界贴得最近的人。

老枪说："写亦文的那些文章嘛，掺水分的不掺水分的都有，可是你们一动笔就把他和惠文老师绑在一起，篇篇一个样。缺了惠文老师，即使他做了好事也没有意义，是吧？其实好事和好事之间是有区别的。"他随便举了几种类型：

第一种，被动做好人好事。好事内容都是电视台、学校等单位事先编排好的，四弟只是去演典型角色。例如省教育电视台寒假搞了个专题片《母亲和孩子的一天》，拍摄四弟与惠文老师一天的生活经历。早晨四弟搞义务家教班辅导小学生外语，上午和老师共同完善电脑教学程序，中午送饭给义务辅导奥校学生的惠文老师，下午帮老枪补习功课。惠文老师还领着四弟等几个学生帮校图书馆搬书，挣几块劳务费捐给希望工程。全是演戏！要说四弟这一天真有什么与众不同，就是到图书馆搬书的五个学生中有四个拍完专题片顺手揣走一本书，四弟没有顺手牵羊。

第二种，主动做好人好事。四弟确实主动做过不少好事，而且不是做给别人看的。有件事从来没人写过。四弟念初一时，班主任丁老师对他要求很苛刻，极少给四弟笑脸或满分。丁老师说："这么小年纪因为一点儿荣誉就被掌声围着，将来不会出息。"丁老师更器重班长成自东。成自东家境贫寒、刻苦好学，丁老师为他掏学费、开小灶，待他如同惠文老师关心四弟。成自东高一考入科技大学少年班，一去书信全无。倒是四弟还念着丁老师，每年教师节或丁老师生日就仿成自东笔迹给老师写信，再寄点钱给老师买补品。丁老师晚年很快慰。

第三种，塞给你的好人好事。为确保惠文老师这面旗帜不被时光冲褪色，某些时候的一件好事即使不是惠文老师和四弟做的——或者不是他们单独做的——那些笔杆子也会将此事硬塞到四弟身上。二中宣传科杨干事擅长移花接木，抓住惠文老师和四弟做了不少文章。四弟住在红十字小区，曾帮小区守电话的秦跛子传过几天电话。那老头风湿病很重，传电话不方便。杨干事给《江城晚报》写快讯一篇，表扬四弟不忘惠文老师教导，七年来利用寒暑假帮残疾老人传电话。实际上，帮跛老头传了七年电话的是小区贩鸡蛋的小姑娘，小姑娘病了，跛老头才请四弟代劳几天，结果七年功劳一扫帚全扫到四弟名下。

第四种，自己设计的好人好事。

老枪讲到这里就此打住。我问自己设计好人好事和主动做好事有什么区别呢？

他神秘一笑："这个没征得亦文同意，不能讲，留给你去猜。"

他又讲了另外一件事。

真正写出了四弟真实面孔的文章，其实是四弟自己写的。题目挺怪，叫《我的伊甸园》，他写满了一个日记本。这本日记应该可以留下来的，偏偏他撞上了肖石白。

"肖石白？就是市报主持《青春走廊》的记者肖石白？"我问。

"可不是！肖石白当时正策划搞一套书，叫什么《青春心态写实录》，让中学生写自我心态，他便上二中找了亦文。肖石白这人见面熟，说：'哥们，帮我凑一篇怎么样？'亦文问：'什么主题？'肖石白说：'真实的东西，首先是写给你自己看的。'亦文就亮出了那本日记，肖石白翻了两页还挺激动：'头条！编头条没商量！'负责接待的杨干事一直盯着日记本不吭声，那眼光典型一个克格勃！亦文感到危险，后来肖石白出主意，叫亦文把日记送给和他合影的胡副省长看看，要是胡副省长动笔写两句序言，还在乎杨干事这类角色的眼光？亦文听了他的主意。谁知日记本寄出去就是肉包子打狗。"

"就这样丢了？"我失声问。

"还有个回音。"老枪说，"隔了十几天，亦文收到一封长信，胡副省长秘书写的，说日记本收到了，他也抽空向副省长汇报了主要内容，胡副省长还是关心亦文成长的，但是希望他能克服一些个人情绪等等，接下来又抄了一堆如何树立科学人生观的文章。这封信估计让小秘书累得够呛。亦文把这事打电话告诉了肖石白，肖石白就没有再提编书的事。"

"那本《伊甸园》追回没有？"我急忙追问。

"大概写信追要过，反正毫无消息。让我知道那个小秘书住在哪儿，非砸了他家窗户玻璃不可！"老枪咬牙切齿地说。

据老枪交代，这年冬天肖石白还来找过四弟，约他与惠文老师写两篇谈家庭代沟的文章。四弟陌生地扫他一眼，扬长而去，把肖石白扔在身后凋零的梧桐叶里。

四

我一直猜不透什么是四弟自己设计的好人好事。我希望找点文字线索，便将四弟的卧室梳理一遍，几乎一无所获。虽说找到一本日记，翻了两页就很失望，四弟的日记是可笑的流水账，诸如考试丢了几分，用了几块零用钱……幸好在日记结尾，我意外捕获到一行字："晚六点半与洁然约会。"这表明四弟曾经早恋，而且是和惠文老师的女儿洁然！这线索太重要了，可惜此后日记一片空白。

问起姑妈。姑妈说："为这事我追问了亦文半个月，也没要一句完整的解释。"据表姐亦平介绍，四弟的早恋是闪电式的，来得突然收得快，过程不过三天。他和洁然约会确有其事，而且被学生科长抓住。这种事一般要挨处分的，校长考虑到当事人身份特殊，只能特殊处理，把洁然从四弟那个班调到二班，四弟挨了几句批评。事情平息得太快，早恋内情大家都不了解。

我决定采访惠文老师，自四弟出走后，惠文老师不接受任何访谈。找了两次，只敲了两扇清冷的门。

还算幸运，我撞见了正休暑假的洁然。四弟出走当年，她考进了北京师范大学。洁然不算特别漂亮，但周身带着很浓的古典美的气质，是戴望舒雨巷里那种典型的江南少女。

我开门见山，介绍报告文学的构想。她说："其实妈妈和亦文都不愿意再把自己交给别人去写。"

我说："是的，但我还是想了解那场约会。"

她犹豫好久，才轻声说："我和亦文没有早恋。"

这么肯定？我怀疑她解释两句就会打发我走。

"当然，我念中学时可以说是很喜欢他，像亦文那么英俊挺拔而且优秀的男孩，女孩一般都会有好感，所以我从课本里发现他的纸条，就傻乎乎到校旁小憩园赴约，我还担心如果我们真要是好上了，妈妈的天会不会塌下来……可接下来你都不会相信，他一句悄悄话都没有，就隔着一条石凳吹笛给我听。老实说，他的长笛吹得不怎么好听，声音还那么大，故意让人听见……"

"你说，他是故意让人听见？"我的眼睛瞪圆了。

"可能吧。"洁然说，"接下来两天都是这样，学生科长汤司令发现了我们，亦文飞快抓起我的手贴在胸口，让汤司令愣得直瞪眼，手电筒都掉到地上。"

我忍不住笑了，我能想象到当时的场面大概像爱情喜剧片里一个夸张的镜头。

"或许，你了解他约会的原因？"我试探着问。

她不说话了，极慢地喝着一杯茶。最后，她走到书橱边抽出一本高二英语，拿出夹着的两张纸递给我。

"看看这个。"她摇头笑笑，仿佛宽容一个男孩的顽皮。

那是四弟写给她的一封信。尽管她现在平淡一笑，但看得出她收到这封信时是痛苦、愤怒的，纸已被揉得皱巴巴的，而且残缺不全。缺的部分大约一时愤然撕了，剩余文字现抄录如下：

……骂我利用你做道具，我承认，并请示你的宽恕。我们一起长大，相处十几年，你有没有发现我每天都在做道具？我做报告、演讲、登报、上镜头，别人只是看光环下能挖到多少名利，没人愿意了解我的感受。我像永远飞不出老燕羽翼的燕雏，长此下去，我的存在只是你妈妈的陪衬，为见证她的奉献精神活着。假如人生意义仅是给别人的光环做一个注释，我应不应该自问一句：我到底属不属于我自己？

浩然的死是我永久的痛，我一直把你妈妈看作第二个母亲，可是我现在越来越不敢贴近她，我贴近她的举止言语都必须是做给别人看的，没有真实的笑与哭。老师为什么不厌倦这样的日子，哪个孩子愿意成天和母亲演戏呢？我真不知道要……

（原信至此缺少一页）

……多想别人换个眼光看我，可我不敢堕落得又坏又彻底，你妈妈会受不了的。我不知怎样才能轻松拯救自己又不伤害你妈妈。给你的创伤，无法弥补，只能请求谅解。将来有一天谁把你的长发挽起时，但愿你已经忘了我幼稚的第一次约会。

再致

歉意！

林亦文

我轻轻吁口气。四弟的症结就在这里，他那场毛手毛脚的约会就是一次毛手毛脚的挣扎。

"改天再谈吧，"洁然看看表，"妈妈快从奥校辅导班回来了。"

"惠文老师近况怎么样？"

"改变总是有一点儿的。亦文出走后，她除了上课，什么话都不说。妈妈一生真是很苦，浩然死了，爸爸和她离了婚，她不停地参加那些宣传活动，就是想提醒社会别忘了丢在火里的浩然，妈妈希望浩然活在别人心里。"

我低头把这句话记在采访笔记上，想那一抽屉文字为什么都没有看到光环后母亲的心一直是痛的。

"最后一个问题，"我问，"这场约会除了一点阴谋，有没有感情成分？"

她还是淡然一笑，从那本英语书里又抖出一张小纸条："送你当作素材吧，一个很丑很温柔的女孩放在我这里的。"

然后，她把我和那张小纸条关在门外夏日的阳光里。

展开纸条，又是四弟的笔迹，依旧是一张约会的条子，只是对象换成了"李芳"，而递条子时间应该在四弟对洁然致歉之后。

假如我推想不错，那个叫李芳的女孩收到这张条子后可能不知所措，想来想去还是找有同样经历的洁然商量。条子就这样保存了下来。

唉！四弟！四弟啊！

我在火热的阳光下响亮地打了个喷嚏。

五

关于四弟出走前获见义勇为基金奖的事，我反复犹豫要不要写一笔，因为这件事过于俗套。二中高三（3）班全体师生在南湖春游，游至钓鱼堤，附近游艇上一个女孩落水，四弟连同几个人扑入水中救人。女孩是四弟捞起来的，四弟就获得本年度市见义勇为基金奖。当然，惠文老师代他将一千元奖金捐给了洪涝灾区人民。

看起来这件事和四弟出走毫无关联，但四弟获奖第四天就背着一个简单的行囊上了火车，那时距高考仅剩三个月零一天。

据说落水女孩的父亲还是高干，我决定采访一下她的父母。按姑妈提供的号码拨了几次电话，不通。隔两天我去红十字小区，找个公用电话亭再拨，通了。接电话的是个保姆，她听我扯了一通采访说明后，扔出三个字：神经病！电话就挂了。

那守公用电话的跛老头倒热情起来："想写林院长家的亦文呐？是该好好写写！正经八百一个活雷锋，帮大伙做的好事多啦……"

我记起老枪曾讲过四弟给这老头传过电话，说："还记得他帮你传电话？"

"不止传电话哩，事儿可不少？你瞧这电话亭还卖个报刊，我腿儿不方便，亦文天天清早跑步，跑步时就替我把报刊从大邮摊捎来，下雨也这样！五六年了！现在还上哪儿找这样的小青年！这两年他出去干大事了，走的时候还将几箱的书呀本子送给我，叫我当废纸卖……"

老头唠叨的最后一句，我双耳一竖："等等！再说一遍，他送了书本给你？"

"八九十斤呢！"

"卖了？"

"没卖。我二孙女念高一了，那些书本留两年没准能派上用场不是。"

我一把攥住了老头的手……

四弟遗弃的废纸填饱了三个大纸箱，原封不动地从老头床底下掏出来，散发着浓重的霉味。纸箱运回家，我动手清理：百分七十是课本和参考资料习题集，还有零散的荣誉证书、奖状、练习本、试卷四十多斤，余下一堆乱鸡毛般的草稿、一个破足球、一只旧拳击套。

在这堆乱鸡毛般的草稿里我竟有一个惊人的发现。

我不得不承认，四弟，优秀的林亦文，确实干过一些不太高尚的事。尽管我为这个发现难过，可物证如铁一般存在着。如果要写那一抽屉文字漏掉的故事，那么这堆草稿纸里埋葬的事件是不得不如实发掘出来的。

我首先清理出的是四弟的一页手稿。确如老枪所说，他写过自己的故事，这一页半手稿保留着故事的题目：《我的伊甸园》，标题下方有一行醒目的字，"在我自己眼里，我的灵魂像亚当在伊甸园里一样快乐地赤裸着……"其后记述了他写自己故事的理由，具体故事应在这一页半之后，可是翻遍三个纸箱也找不到其余文字，只能推测一切收进了那本遗失的日记里。

一张列满数学方程的草稿的背面，我搜寻到几行铅笔字："伊甸园计划第二步。"伊甸园何时从四弟的稿子标题变成行动计划，无从查证，但有一点可以认定，的确存在一个伊甸园计划。例如这第二步，划着一串名字：洁然→李芳→魏梦→江晓波、周炜、黄冰雪等。受前两个名字启发，我大胆推论，四弟一定给这串名字所有的主人递过约会的纸条，而且最后三名女孩或许还同时收到他的纸条。四弟不可能几天内对一堆女孩抱有取之不尽的热情，他肯定是故意抹黑自己镀着惠文老师光环的形象，并且企图越闹越大。当然，这步棋肯定没奏效，能考进二中的女孩，智商是能随便耍着玩的？

同一纸面上还写着"伊甸园计划第三步"，却无任何方案，只划着一个大大的"？"有何举动不得而知。

接下来，我又发现几封四弟写的匿名信。上帝！这个动作太不理智太不光明了！我扒出来的仅是信件草稿，原信应当是四弟用左手写的，极少人知道四弟左手能写一笔整齐的楷书。几封匿名信仔细打过草稿，反复修改过，尽可能涂掉了文字中的蛛丝马迹。我挑出三封信摘录如下：

（第一封信关于二中一位老师）

郑励生老师：

祝贺您再次当选全区十佳教师！在领奖台上时，您眼前是否掠过您儿子的影子？在课堂、在梦里，您还记得儿子的模样吗？

上个月我见到了您的儿子。他快二十岁了，还像十岁儿童那样高，痴呆，不会讲话。他在金汇快餐城收碗抹桌子。当然，您不会为这个形象痛心，十几年前您能毅然把他和他的母亲抛弃掉，就不会知道痛心的滋味。

想必您知道，您的前妻已经死了。您的儿子让外婆养着，可他的外婆老得门槛都迈不出。您教书也许有一手，学生都很尊敬您。我能想象您会慷慨激昂地对学生谈道德讲高尚，这样的想象让我恶心！恶心极了！您吃过苍蝇吗……

（第二封信写给某同学）

金：

亮出你的底牌吧！还在卖弄你老头子是什么鞋业商贸有限公司总经理吗？现在像你这样经济和学业比翼齐飞的尖子难得一见了。谢谢你那么潇洒，花费几百请杨干事在校报给你搞个专访，为抢一张科大少年班报考推荐表出手这样阔！可是你别忘记了，你老爸不是什么鞋业经理，只是修鞋的。哈！

你还夸口说收到两个女生的情书都不理睬，怎么解释这个细节——把洁然的相片从全班合影上剪下来夹在钱包里？

拍醒你的灵魂吧！别那么急着捞分数，捞名利，捞面子，先学着踏踏实实做个人。

（另一封信无收信人姓名，我想可能是写给某女生的）

……又打小报告！你又到办公室找找老师打小报告了。死性不改！你检举邓聪和外校男生坐摩托逛影城，是不是忌妒她考全年级第二名，总分比你多1.5分？林亦文表演还考全年级第一呢，怎么不打他的小报告？

你这个特务！叛徒！犹大！克格勃！女巫！白骨精……

如此刻薄的咒骂，再抄下去简直是罪过。最触目惊心的是信末的一句话："你要再敢找老师多嘴，我找人拔了你的舌头！"

四弟写这句话时肯定会孩子气地乐出声来，只是不知道那女孩收到这封信会不会崩溃。

谁敢相信四弟心里竟藏着如此阴暗的角落。按信中所示，他攻击的对象全是先进尖子模范典型。作为同类人物，四弟有什么必要玩这一手？说是警醒他人，其动机恐怕未必如此高尚。我只能理解为他对"抢名利，树典型"抱着本能的敌视。他的匿名信说到底是不择手段的宣泄，不敢呐喊的抗争，不太理智的挣扎。玩玩此类游戏，对四弟而言，算是暂时把人生角色从惠文老师的光环下解脱出来，将灵魂赤裸地放飞一次，哪怕是在阴暗中飞翔。

所有废纸都被翻过，不见伊甸园计划的第三步内容，倒是无意找到一张彩照，照片人物是一憨乎乎的陌生男孩，约莫十来岁。照片反面有一些歪歪扭扭的字："我表弟张琪，拜托别认错了！他不会游水，你手脚麻利点儿。老枪。"

凭直觉，我预感这张照片和几个歪字大有文章。于是再去找老枪。老枪正叼着烟帮他老爸在码头点货。我亮出那张照片，他甩掉烟："咦！这玩意儿他没扔了啊？"

我故意诈他一句："说吧老枪，该知道的我都知道，我得证实一下猜想得对不对。"

他龇着焦黄的牙，满不在乎地一笑："猜到了？其实吧，主意是我出的。亦文跟着惠文老师跑累了，嚷嚷着要走什么实现自己生命价值的路。我说：'那有什么难的，我找个小孩假装掉进水里，你把他救上来，见义勇为的老师培养出见义勇为的学生还能不轰动？等他们拍得写得正热闹时，我把真相揭开，让那些抬轿子摇旗子的家伙干瞪眼吧！往后不就没人给你添麻烦了？'为这事我俩合计了好几回，找了我表弟配合，照片还让亦文瞅仔细了，别认错人。你说怎么这么巧呢？那天我带表弟刚进南湖公园，偏有个女孩真的落水，大家一喊救人，亦文就稀里糊涂地把她当我表弟捞起来了。结果你也清楚，麻烦翻倍的多，还拿了什么奖。亦文说他的良心在咬他，再不透口气要发疯了，就走了。火车票是我偷偷替他买的。"

我愣愣地听着，仿佛四弟乘坐的火车从我头上呼啸而过。我拍拍老枪的肩，把照片插进他口袋。我说："老枪，其实你这人很可爱。"

老枪嘿嘿一笑："设计来设计去，最后弄假成真，还有苦说不出，你说可笑不可笑？"

是的，可笑。四弟就笑过。那天周校长兴冲冲地领着落水女孩的父母来见惠文老师和四弟。女孩父亲紧紧握着惠文老师的手，感谢她培养出这么好的接班人。女孩母亲捧着一束鲜花献给四弟。四弟静默片刻，忽然响亮地爆出一阵大笑，同时，两滴巨大的泪珠从他脸上悄然滑落。

六

亦平说，四弟后来到了深圳。他给惠文老师寄过一张生日贺卡，上面写着一段话："妈妈，记得小时候，你教我们画大海，浩然画了红色的海，你说海是蓝的，可浩然再画的海还是红的。我画的海是绿的，你又说海是蓝的。妈妈，有一天，我会接您到南方看看海，每个人眼里都要有自己的海呀……"

精彩
——**赏**析——

　　小说分为六小节讲述，作者于第一节便开门见山，直叙故事背景：四弟因一场火灾成了众人眼中由英雄母亲培养的典型少年，长大后的他成绩优异、形象正面，却忽然在高考前夕离家出走。但是四弟出走的原因至今无人知晓，而本篇小说则以此为写作目的，采用类似纪实文学的写法，从"我"的视角对四弟出走的原因进行了一次的"特别调查"。"调查"过程中，"我"发现四弟多次提及的"我自己……"，是他对自由的向往；而姑妈多次提醒他的"你想想浩然……"，成了困住他一生的牢笼。这也让我们知晓了四弟积极向上的表象下压抑着一颗渴望"真正自由"的心，文章字里行间尽是惋惜与嘲讽。

————————

扣子的颜色是天空的颜色

🌸 心灵寄语

　　每个人心中都有梦想和希望，但追逐梦想和希望的路途是艰辛的。途中，你可能会遇到各种各样的困难与挫折，关键看你有没有勇气去战胜它们。既然选择了远方，便只顾风雨兼程，在挫折中奋勇前进，努力实现梦想和希望。

　　路灯一闪，夜睁开了眼睛。

　　李芒守在同济医院大门的路灯下，面前的车流来来往往，碾过他细长而孤独的影子。他专心捕捉乳白色的轿车，目光像一个猎人，很黑，很冷。猎物是乘坐乳白色轿车的星星旅行社的老总，也就是他的妈妈。半个小时前，李芒始终打不通妈妈的电话，咬咬牙给妈妈的手机发了一条短讯："你儿子遇上车祸，速来同济医院！"她会来的，李芒想，哪怕是一只没有翅膀的鸟，见到这条消息都会心急火燎地扑过来。

　　下午他去住院部204病房探望谢意，但已经过了探视时间。初夏的住院部充溢着古墓般的阴森，一个裹着棉衣的老门卫在幽冷的楼梯间将他挡住，表情僵硬得仿佛刀枪不入。他无计可施但绝不退缩，最终谢意的爸爸老谢从二楼病房下来了。

"芒芒，谢谢你送谢意进医院。"老谢郑重地和 16 岁的李芒握了握手。在任何场合，老谢永远是西装革履、风度翩翩，但李芒还是发现老谢油亮的鬓角露出了一处斑白，就像一夜经霜的修竹，挺拔依旧，叶子却终究要衰败许多。

前天傍晚，确实是李芒和妈妈把谢意送进了医院。当时老谢还远在大连出差。李芒准备郑重地问妈妈一件事时门铃响了，拉开门，谢意就站在门外，脸色苍白，脸上面覆盖了一层透明的汗液，只有黑黑的眼里燃着两簇亮得可怕的光。

"很不巧，我们要出门……"妈妈迟疑地说。没等她整理出一个敷衍的理由，谢意就倒下了，如同一片自愿凋零的叶子，没有风中挣扎的过程，且落地无声。

妈妈赶紧拨急救电话，和李芒一起把谢意送进急诊室。

"谁是病人家属？"护士敲着病历问。

"我们。" 李芒抢着回答，"病人是我妹妹，这是我妈妈。"他期待地瞄着妈妈，妈妈的目光滑向空白的墙壁。

"是您女儿？"护士递过一张手术单，"请在家属意见栏签字。"

"不是……"妈妈嗫嚅了一下，很快镇定下来，"不是我女儿，也不是亲戚。"

护士不解地皱皱眉："那谁付手术费？"

"我！"妈妈斩钉截铁地说，"要多少我给多少。"

当时的场面就跟漫画一样，护士的脸上顿时只剩下一对夸张的眼球。

因为妈妈的慷慨，谢意被安排到高级病房。病房宽敞明亮，有壁灯、冰柜、彩电、地毯……环境类似宾馆的豪华客房。

谢意侧卧在病床上。听见开门声，她艰难地转过身来，李芒一怔，他原本以为会看到谢意汗津津的面容正像冰一样销蚀，但眼前这张脸出乎意料地艳丽，嘴唇晶莹闪亮，清秀的睫毛像蝴蝶一样轻盈地颤动……

看见李芒，她努力一笑，眼光不由自主地投向李芒和老谢背后。李芒轻轻关上门。他知道背后没有谢意期待的人，只有这扇冷冰冰的门。

他第一次见到谢意，也是遇见这小女孩突如其来的休克。那还是去年秋天，妈妈在梦天湖社区买了一套新居，正巧在谢意家楼上，也就是说，她家的天花板是李芒家的地板。

搬家第二天，正撞上一场暴风雨。李芒从音像店出来，天空像一页随意掀过的书，骤然黑了。人全堵在走廊里，一张广告被风扯下墙，异常快活，在一片密集的脑袋上方翩然起舞，猛地冲出走廊，撞上大雨后立即如砖块般垂直坠地。

来了一辆出租，李芒拽开车门跳上车，一个女孩从另一侧车门也挤了进来。李芒挠挠头，准备往车外退时被女孩喊住了。

"我们去一个地方，昨天我看见你搬到我家楼上。"女孩简短地说。

李芒诧异地瞟了一眼女孩，肤色透明地白，在夏日仿佛散发着晶莹的寒气。这让他不禁联想起一张纸，光洁而单薄。

下车，李芒付了车费。刚进电梯间，女孩追上来补给他五块钱。

"算我请客。"李芒满不在乎地说。

女孩的手坚持伸着，李芒只好接过来。这时电梯猛地上升，女孩的身体也突如其来地晃了晃，而后便像那页雨中的广告纸猛然坠地。

电梯上升的那几秒钟李芒直发怔，到九楼自动门弹开他才反应过来，急呼"救人啦""有人昏倒了"！喊声在空荡荡的楼道里徘徊。他只好背起女孩找到自家楼下，把防盗门拍得震天响。

门开了，女孩家里只有一个小保姆，显然也不太熟练，慌慌张张地帮忙把女孩放倒在沙发上，就手足无措地拨打120电话。李芒正准备离开，小保姆又颤颤惊叫一声——血！

女孩流血了，血液沿着手肘缓慢而又势不可挡地流淌，银色沙发座垫上长出了几朵绚丽的花蕾，很快又绽开了一大片触目惊心的红玫瑰。李芒赶紧找伤口，发现只是浅显的擦痕，血居然可以决堤似地奔流。

"云南白药！药棉！还有绷带！"李芒喊。保姆慌乱地翻备用药盒，只找到消炎药膏和一包用不上的创可贴。"都没有！"保姆带着哭音说，"前天贝贝摔伤了，药和绷带全用了。"

贝贝？大概是条宠物。李芒一溜烟冲到楼上，从家里匆忙翻出药和绷带，跑下来笨手笨脚地把女孩的肘部裹得像一个结实的粽子。忙完了，急救医生也到了。解开绷带！医生吃惊地嚷，这样错误的包扎会要她的命。

回到家里，李芒发现自己犯了更要命的错误：他上楼翻箱倒柜出门时居然忘了随手关门。在他包扎伤口的过程中，肯定有不速之客进入了这扇敞开的大门，家里总共损失了几千块现金、白金首饰，还有数码相机什么的——这些都是妈妈赶回家清查现场后向民警报案时列举的。

事情经过很快弄清楚了，妈妈狠狠地瞪了李芒一眼。损失这点钱财妈妈还不至于痛心疾首，她耿耿于怀的是一块珍藏多年的手表也不翼而飞了。手表虽不值多少钱却记录着一段很珍贵的感情，现在竟为楼下一个陌生的女孩无辜牺牲了，妈妈觉得这笔投资太不值得。

后来妈妈就拉李芒去楼下，妈妈说即使不索赔也要让人家明白自己付出了多少代价。李芒没有下楼，再说楼下只剩一个保姆。妈妈独自去了五分钟，回来时脸上仿佛镀了一层光，笑容熠熠生辉。李芒很熟悉这种表情，每当妈妈的投资获得丰厚的回报时脸上就会溢出特别的光泽。

"真是歪打正着！"妈妈兴奋地说，"你救的那个女孩就是实验中学谢校长的女儿。"

实验中学是妈妈急于叩开的一扇门。这是一所全省重点中学，针对高考可谓战术高超、装备精良，连续十年创造出百分之九十的学生考取全国一流大学的奇迹。李芒朝着这个目标奔驰了三年，和他并肩赛跑的同学都成功了，只有他在冲刺时跌了一跤，中考以两分的差距与实验中学擦肩而过。

为弥补这两分的差距，妈妈宁肯掏两万也在所不惜。没想到实验中学居然针扎不透水泼不进，而自费择校只招收有文艺和体育特长的插班生。一个夏天妈妈心急火燎，恨不能让李芒一夜之间长出一堆文艺细胞。

没考上实验中学李芒也万分难堪，但觉得妈妈的焦虑有点儿小题大做，森林之外也有大树，他考上的市二中每年照样有几棵栋梁移植到了北大清华。"你懂什么？"妈妈说，"那是百分之百的努力换百分之一的希望，你就靠这百分之一的概率考北京大学？"北京大学是妈妈心头解不开的一块结，当年她两次参加高考向北大冲刺都功亏一篑，这几年妈妈在生意场上呼风唤雨、战无不胜，就不信圆不了一个梦。

过了两天，妈妈准备了鲜花和果篮，要李芒陪她上医院。李芒很清楚妈妈的意图，他准备翻一个白眼但最终还是选择了沉默。十五岁的李芒在妈妈面前经常要求自己像个男人——现在这个家里只有他是男人。李芒没有见过亲生父亲，生父在他出世前就遇上车祸去世了。妈妈历尽艰辛，创下一番事业后，一个旅行车司机成了李芒的继父。起初日子还甜蜜过一阵，后来继父不停找妈妈要钱。要钱，妈妈可以满足，但妈妈不能容忍继父用她的钱在外面拈花惹草，于是他们封锁、争吵、冷战，七年多的家庭风雨把李芒雕琢得早熟而机敏。直到春天，他和妈妈回家发现继父居然和一个女人在卧室鬼混，那是一场世纪大战。妈妈歇斯底里、大吵大闹，继父冷冷地叼支烟仰在沙发上，妈妈去撕扯继父的衣领反而让继父拎起来。那只粗壮的拳头刚向妈妈挥起，对吵闹冷眼旁观的李芒冲了上去，被继父一脚踹在茶几上，压碎了一瓶香槟。李芒操起锋利的破酒瓶摇摇晃晃地站起来。继父看到他手腕的血香槟似的喷涌，眼底掠过一丝惊慌，一边威胁一边退缩，终于拉开门溜了。他把血糊糊的手伸向妈妈，示意她站起来，妈妈已经惊骇得连哭都忘了。从这一天起，李芒显得异常沉默，用沉默迁就着妈妈，也用沉默显示着男人的宽容和力量。

好在那天的鲜花果篮没有送出去，因为出发前旅行社发生了一起事故需要妈妈紧急处理。李芒松了一口气，不过他预感妈妈不会轻易放弃，总有一天他会和楼下女孩见面。只是他没料到再见时会是在那种特殊的场合。

一切起源于姨妈的撮合。爸爸去世后，姨妈念念不忘为李芒补一个称职的父亲，妈妈的第二次婚姻就是姨妈失败的作品。可姨妈说不能被失败吓倒，从哪里跌倒就从哪里爬起，只当交了一次学费。姨妈又说，这回介绍的对象有车有房有型有款，新时代的四有新人，完全没得挑，美中不足是也拖着一个孩子。

妈妈实在应付不了姨妈连哄带劝的热情，把眼光转向李芒，希望他发挥挡箭牌的作用。

但是李芒说："随便。"他不想变成一条绳索把妈妈绊住。

李芒接着又补充了一句："我只有一个条件，如果我不喜欢，将来可以不叫他爸爸。"

最终三人还是去了南国饭店，那是姨妈定的相亲地点，餐厅的澳洲龙虾闻名全市。妈妈说就算是请姨妈和李芒去吃一次龙虾大餐，语气里全是应酬。在南国饭店餐厅，一眼看见喷泉边静静守着一个风度翩翩的男人和一个女孩。李芒猛地一怔，女孩居然就是楼下的谢意，更让他奇怪的是妈妈和谢意的眼光碰上后都倏地一亮，异口同声地说：扣子！

谢意也没料到会在这种场合见到李芒和李芒的妈妈，事实上她与李芒第一次接触前就已经见过他妈妈。当时她称呼李芒的妈妈为罗总。

就是搬家那天，她在电梯间碰见一群漂亮的男女导游，抱一堆纸箱叽叽喳喳地帮人搬家。被簇拥着的大概就是搬家的顶头上司，导游们叫她罗总。谢意扫了罗总一眼，心跳似乎被什么绊了一下，再看又没什么特别，只有嘴角的一颗红痣和眉眼间那一丝忧郁似曾相识……

电梯门开，人涌了出去。谢意在地上发现了一颗乌红的木纹纽扣，可能是从那位罗总的上衣上脱落的。她捡起纽扣跟上十楼，原来搬迁的新居就在自家楼上。大门开着，罗总在客厅指挥摆放电器和装饰品。谢意躲在门外观察：这个女老板并不漂亮，太瘦，皱纹深得连化妆品都抹不平，可是又确实有种很熟悉很亲切的东西吸引着自己。低头思索的一瞬间，一个感觉如电一般击中了她。红痣、忧郁，还有表情手势都特别像……妈妈。

半年前妈妈还守候在谢意身边，给她量血压、测体温、做营养餐、喂药、洗衣盖被、朗诵英语……自从她10岁第一次突然休克后，妈妈已经如此忙碌了近五年。她患有先天性心脏窦室缺损并发血友病，别人的心脏是两室两厅，她只有一室一厅，而且缺乏凝血因子，出血就无法控制。因为心脏病是妈妈遗传给她的，妈妈总是愧疚而忧郁地对她微笑着，把她呵护得一丝风也吹不到。冬天，妈妈为她做乳鸽汤。炖上汤，妈妈就靠在沙发上，直到厨房里冒出煳味妈妈还一动不动，她呼唤着推了一下妈妈，妈妈冰凉地侧倒下去，蓬松的沙发垫上只压出一个极浅的坑，轻得像一只空水罐，将最后一滴水也倒了出来……

"沙发边的落地灯移到——"罗总的手指停顿在空中，不知该点到哪里。粉红的落地灯是应该摆在乳白色沙发旁边的，可是特别刺眼，移到什么位置都不协调。

"不用移，把灯罩换成紫色就可以了。"

房间静下来，目光都转向门外。谢意才发觉这句话是自己脱口说出的。罗总惊奇地看看门外纤弱的小女孩，很明显，换一种优雅的深色，沙发高贵的质地和造型就脱颖而出了。

"请进。"罗总和蔼地说，"还有什么地方可以改进？"

谢意拘谨地站到客厅中心，她记得妈妈说过房子和一个人一样，气质是调理出来的。这间房子暂时还没有气质，到处堆砌着豪华的用具和饰品，可是效果一片凌乱。

"音响要换成和电视相同的银灰色，窗帘不要这种进口的纱，换深绿的亚麻布，染上热带雨林的图案。水晶果盘旁边应该配一个荆条的面包筐，还有黑陶花瓶里不要放康乃馨，换一束雪白的芦花……"谢意差不多说了一刻钟，其实她并不懂居室文化，她只是按自己家的陈设来改造这套房子。手心里汗津津的木纹纽扣提醒了她，又补充了一句："这种乌红的扣子配西装太沉重了，要是我，会选天蓝色的玻璃纽扣。"

"有那种颜色的扣子吗？"罗总忍不住笑了。经历了一场婚变，换套新房只当是换个心情，她不是不懂包装，而是没有精雕细刻的情绪。这个小女孩的描述不算完美却有新颖的创意，不时激发了她一个闪光的灵感做进一步的补充。

这个下午过得非常愉快。谢意和罗总在一张白纸上说说画画，改进一笔就差一个职员去如法炮制。天色将暗，新房已出现了脱胎换骨的轮廓。她们挑出最后一处瑕疵——卧室门框上挂的一串华丽风铃，大概是旅行社职员送的礼物。导游都走光了，谢意站上椅子去摘时头重脚轻地晃了晃，罗总赶紧扶住椅背。没摔倒，但是衣袖被刮破了。

谢意低低惊叫一声，这件白衬衣的袖口曾经破过一次，妈妈补好后精心地绣了一圈盖住针脚的蓝花边，现在刮破的偏偏是这道蓝花边。罗总爽快地说："不要紧，明天给你买件新的。"

谢意摇摇头往门外走，落寞单薄的背影让罗总心底突然一软。

"等等，我帮你织织看。"

谢意怔怔回过头，望着罗总从杂物架上找出一个微型织补机，挑了蓝丝线，蹲下来笨拙地修补那圈受伤的蓝花边。

"我都不记得针怎么拿了。"罗总解嘲地说，"给儿子都没缝过衣服……"

一滴炽热的东西突然溅在罗总的手背上。罗总吃惊地仰起头，看到谢意的眼泪汹涌而出，好像她的针拨动了小女孩神经的某个密码，情绪陡然失去了控制。看样子，女孩的眼泪是有些缘由的，只是不能问，越问哭得越凶，最好是先让她安静下来，然后一团和气地把她送走。

好了，一切都会过去的。罗总一边替谢意擦泪一边轻轻拍她的肩膀，果然泪水止住了。

"时间不早了。"罗总温和地说，"你是我搬进新居后的第一位客人，帮我提了好多建议，我应该送你一件礼物——有什么要求尽管说。"

"任何要求？"

"当然！"

"再过九个月是我十六岁的生日。"谢意的眼睛像两滴突然折射出星光的水珠，"我希望在那一天您能满足我的一个愿望。"

到底还是个孩子！罗总笑了："我又不是圣诞老人。"

小女孩没笑，郑重地等待着。

"好，我答应你！"罗总郑重地说。

"我会为您找到天蓝色的玻璃扣子的。"谢意说这话的时候已经跑出了门外。在楼梯口，她碰上一个流川枫般酷酷的男孩抱篮球进了自己刚出来的那扇门，她忍不住想了想罗总为男孩擦汗的样子，如果楼上楼下没有横隔的那一层地板多好。脚下似乎响起爸爸的声音，谢意慌忙下楼，脚步咚咚咚的。她觉得一只脚踩着害羞，一只脚踩着幸福。

"你们原来住楼上楼下？"李芒的姨妈最先瞠目结舌。她托朋友七拐八绕才和老谢通上电话，只隔一层地板的距离却绕了半个城市才见面。

"对不起。"老谢热忱地伸出手，"你们救了谢意，我上楼去致谢却总是和你们错过。"

老谢的手有男人的力度，李芒不甘示弱地一握。第一印象是这个人确实无可挑剔。只是不明白为什么叫他老谢，随便得像喊一个民工。事实上，老谢头发修饰得锃亮，皮鞋锃亮，简直上下生辉，而且潇洒大方、谈吐幽默，连妈妈也不禁眼前一亮。

这餐饭姨妈和谢意快乐得像煮沸的水，满桌洋溢。李芒照例沉默着，他担心妈妈会当场要求谢校长帮他插班到实验中学，或者提起那天没关门的损失。还好，自始至终一字没提，妈妈甚至表现得非常出色，照顾谢意的动作热情而周到。不过，妈妈投入的神态也告诉李芒，一顿原本是应酬的大餐肯定会出现预料之外的结局。

老谢大概也有这种预感。开始老谢的微笑也是应酬式的，直到罗总亲昵地为谢意剥龙虾的时候，他的微笑停顿下来。他默默地抽烟，眼里渐渐浮出一层湿润的感伤。

这餐饭结束后，楼上楼下开始超越那层地板的隔阂。

每天李芒放学，刚到家里谢意的电话就来了："我爸爸买了果汁鲈鱼西芹冬菇，快下楼拿。"李芒哭笑不得，也只能下楼去拿。妈妈曾主动对老谢提出建议："我们白天都很忙，以后可不可以挪点轻松的时间共进晚餐？"老谢当然说可以，并且很自觉地在超市订购了菜肴。李芒取回菜肴就等妈妈亲自下厨煎炸烹煮。妈妈很会做菜，但过去从不下厨，每天来去匆匆，偶尔剩一块完整的时间，就往沙发上一倒，疲惫得像一棵叶子凋零的树。而现在，妈妈为准备每天的晚餐，推掉一切应酬，在厨房忙得团团打转，还显得青枝绿叶，容光焕发。

黄昏，锅碗瓢盆欢快地响个不停，大块温馨的蒸汽填充了过去空旷得心慌的房间。谢意深深呼吸着这种气息，问李芒："猜猜这是什么气味？"

"煎牛排。"

"不对。"

"煲鱼汤。"

"也不对。"

李芒疑惑地瞄瞄厨房，妈妈确实在做牛排鱼汤。

"你怎么嗅不出来呢？"谢意失望地说，"这是家的气味。"

老谢放下手中的报纸，望着沉浸在家的气味中的谢意，很有感触地重复了一句："是的，这是家的气味。"

李芒摇摇头，他现在没有这么纤细的感觉。十六岁的李芒正忙着在另一条轨道上奔跑，他心底始终憋着一口气。谁都不知道中考公布成绩那天，在他记忆里是多么漫长。和他在考场上竞争了三年的同学都争先恐后安慰他，说了些什么他一句都没听进去，他只记得眼前晃动的脸全是一种胜利后对弱者慷慨的表情。别人的话都讲完了，他才低声嘀咕了一句，事情还没完。是的，还没完。无非是他站在森林之外，即使没有最好的土壤，他也要长成大树。自从见到老谢，实验中学和他的距离好像只剩一层纸，只等妈妈不失时机地捅破。对走不通的路，妈妈知道如何精明地绕过去，可妈妈不知道男孩子的骄傲和倔强会横冲直撞，硬闯到底。

奇怪的是，妈妈始终没有捅破那一层纸。那一阵妈妈仿佛忘了自己是一个商人，慷慨投资不计回报，给小女孩做营养餐，买昂贵的衣服和药品，有时实在抽不出空就干脆派一个导游陪谢意逛书店游公园。那一阵谢意更是空前地神采飞扬，蹦蹦跳跳，让李芒想起那页广告纸，在风中欢乐地舞蹈。

日子一抹上欢乐就溜得飞快。冬天很温暖地过去了，春天的某顿晚餐，李芒吃鱼时觉得喉头骤然一痛，就赶紧喝汤吞饭，埋头和那根刺作斗争。这时他听到老谢说，谢意的精神好多了，不用休学闷在家里，新学期他准备让谢意回实验中学继续上课。李芒最好到实验中学借读，这样就可以陪谢意上学放学。"直接转学有点儿困难，借读效果其实是一样的，在实验中学读两年半，再回二中参加高考，结果……"

结果不言而喻，完全是美式装备的以色列大兵，即使没有美国国籍，战斗力也是世界一流。妈妈立即抓着谢意的手说："好啊，我们的谢意又可以正常上学了。"妈妈不提李芒，语气里却洋溢着水到渠成的兴奋。李芒怔怔地张着嘴，那根吞下去的刺仿佛还横在那儿进退两难。他没料到会由老谢主动挑起这个话题。

老谢很早就感觉到这个话题其实一直在周围的空气里打转。实验中学的校长是一只身不由己的鸟，成天关在学校这个笼子里，或者为公差在城市上空飞来飞去，难得在自己窝里落一落。而女儿却像埋在体内的定时炸弹，随时需要他的守护监控。老谢一直为此备受煎熬，没想到问题居然迎刃而解，无论如何他也该为李芒做点什么。

"如果你不愿意接送谢意也所谓，这只是一个借读的理由……"老谢又补充说。

"不，我愿意接送。"李芒说。他还想说点什么，咽喉又梗得一疼，说出来妈妈不知会有什么表情。谢意弹着钢琴，快活的音符在房间里流淌，他没有勇气破坏这种气氛。

星期一，李芒换上实验中学的校服，下楼去接谢意。谢意套一件火红针织衫，雪白的袜子，整洁得一尘不染。坐上出租车，路旁叶缝的阳光顽皮地在谢意身上跳跃。衬着阳光，李芒发现谢意脸上那层兴奋的光泽下其实埋着更多的纤弱和苍白，就像装饰一新的危房，遮盖不住油漆下的衰败。

"最近怎么样？"李芒关切地问。

"没什么，只是有点儿心慌，头昏。"谢意低声说，明朗的表情突然阴郁下来。

"身体不好要多休息，上学的事……"

"我不喜欢多休息，现在这样多好！"谢意猛地打断他，把头探到车窗外的阳光下，长发像一面飞扬的旗帜。

到实验中学初中部，李芒对谢意挥挥手："放学后我在这里等你，不见不散。"按老谢的安排，接下来他应该去高中部报到。李芒飞快扒下实验中学的校服，对司机说，去市二中！他不想以这种方式进实验中学，要上北大也得靠自己的能量，这就是他的决定。这个决定他没法向妈妈解释，解释了妈妈也不会听。留下这一天空白，妈妈和老谢会明白他的选择。在李芒眼里行动比语言更有力量。

放学后，再赶到实验中学。谢意兴冲冲地拉着他："先别回家，陪我去扬子街！"

李芒犹豫了一下，扬子街太远，专门批发花里胡哨的小商品，一条破街让小贩和民工拥得水泄不通，很难保证谢意不磕磕碰碰。他讨价还价："去亚贸商场。"

"不，全市的商场都跑遍了，我估计那种东西只有扬子街能买到。陪我去吧——哥哥。"

李芒的脸红了，他最怕谢意喊哥哥，有种让人按住挠痒痒的感觉。两人还是去了扬子街。到街头百货中心，谢意说"你在门口等我一刻钟"，就飞快地溜进了汪洋大海的批发摊点里。

李芒只好蹲在半张破报纸前等待。天色渐渐黯淡，他把报纸夹缝的广告都看了两遍，谢意还不见踪影。正焦急万分时，他看到谢意倚在楼梯上向他招手。李芒抢过去扶住她，谢意嘴唇雪白，冰凉的手上沾满黑灰，大概扶着肮脏的楼梯走了好久。

"怎么回事？东西买到了吗？"李芒问。

谢意虚弱地点点头。李芒不知道她到底要买什么东西，这幢白色的百货中心好像一个巨大的抽血库，进去一趟就把谢意的最后一点热血也抽空了。

回家谢意就躺下了："今天不能上楼吃晚饭了，跟你妈妈说声对不起，"

事实上，妈妈根本就没有做晚饭。妈妈坐在黑暗的客厅里，僵硬得像一块化石。李芒以为妈妈为自己逃离实验中学生气，但妈妈没有责问他，妈妈只是怔怔地盯着空白的天花板。李芒开灯时，妈妈才回过神来轻轻叹息一声，那一刻李芒发现妈妈突然变得无比苍老。

从这个奇怪的夜晚开始，妈妈恢复了旋风般的来去匆匆，不再回家做晚饭，完全不提老谢和谢意。楼下一家人好像从她视野中骤然蒸发了。

老谢出差那天傍晚，李芒看见谢意守候在自己家门口。"发生了什么事？"谢意惶急地问，"一切全变了，到底发生了什么？"

李芒也不知道发生了什么事，但肯定是发生过什么事。一连四天妈妈都让他放学去旅行社吃工作餐再回家，绝对是要把晚餐避开。他很想问个究竟，可是妈妈疯狂地忙碌着，根本不给他提问的时间。

谢意不可抑制地颤抖着，看样子已经等了很久。李芒轻声说："还没吃饭吧？我陪你去吃饭好不好？"

谢意拼命摇头，无助地抓住他："你说到底发生了什么事？"

李芒也只能无助地望着她。他想明天无论如何也要追问妈妈到底发生了什么？

但是明天没等他追问，谢意已经按响了他家的门铃，紧接着就像落叶一样倒在地上。

"总算有一个人来看我了。"谢意躺在病床上对李芒说。

一个人？李芒诧异地瞥瞥床头柜边堆积如山的花篮礼品。刚才门卫还抱怨探望 204 病房的人成群结队，烦得他恨不能卖门票。

谢意注意到李芒的视线："这些人不是来看我的，他们是冲我爸爸来的，有些连我的名字都不知道却偏要装出关心我的样子。"女孩敏锐地笑起来，声音空洞洞的。

老谢的表情有些欲言又止的尴尬和难过。这时护士进来请老谢去会诊室，回头又对谢意晃晃手指。

"什么意思？"李芒问。

"她提醒我不能化妆。"谢意说，"涂了唇膏，医生就不能观察我的血色。"

"你……应该听医生的话。"李芒的语气变得不太连贯，他已经发现在唇膏、眼影下面，幽冷的气息像条蛇一样缠绕着这个玻璃般脆弱的女孩。

"没用了。"谢意摇摇头，"这里每个人的表情和手势我都熟悉，她们就是在说这次我大概好不了。你知道我五年住了多少次院？十三次，差不多在这儿住了三年半。第一次住院是妈妈送我来的，当时高烧了两个月，吃什么吐什么，心脏好像要完蛋了，我真想永远昏睡过去再也不醒，可妈妈要我醒过来。她说只要坚持治两年，最多坚持到十六岁我的病就能好，我的主治医生安大夫也这么说。我坚持了两年，病也没好，安大夫却病死了。她才四十多岁，脑袋里就长了肿瘤，有人说她其实是累死的。那是多温和的一个人啊，

161

总是对我笑，身上有股兰花的幽香，她还说要亲眼看到我过十六岁的生日，一眨眼她就不在了。又过了两年，妈妈也走了，她和安大夫都要我坚持，她们自己却都没坚持下来，肯定是谁把命运摆弄错了……"谢意突然笑起来，一颗硕大的泪珠从笑容里滚落，"后来我才明白，十六岁大概就是我生命的极限。每年过生日，看着生日蛋糕上的蜡烛，我就觉得燃烧的是我的时间，我的生命像蜡油正在融化、枯竭……"

李芒脊背发凉，这样的镇定，这样的清醒，让他感到女孩真的像即将熄灭的蜡烛，正用最后的一跳爆出极其凄艳的火花。这种时刻，任何劝慰和同情都显得异常苍白。他终于挤出一句话："十六岁算什么极限，你肯定能活到六十、七十……"鼻子一酸，接下来的数字被他猛地吸进去了。

"不会有那一天的。"谢意轻轻按住胸口，"我现在听不到自己心跳的声音。别人都说听不见自己的心跳，可我能听见，特别是兴奋的时候我听见热血简直像甘泉在心里咕咕翻涌。自从妈妈去世，能不能活到十六岁我已经不在乎了。没想到遇上你妈妈后，我就又想继续坚持下去。每次撞上她的目光，我就想起妈妈，你不知道我的心跳得多快呀！和你们在一起，呼吸家的气味，身体再难受我也眼睛不眨地忍着。有时我在想，也许活过十六岁我就没事了，就可以这样精神抖擞地活在阳光下，多美……怎么一转眼全变了，你妈妈不理我，为什么……"谢意的声音如梦呓般地模糊起来。

李芒苦恼地低下头，这个问题他追问过妈妈，但妈妈避而不答，只是冰冷如铁地咬咬牙。他蹑手蹑脚地站起来，准备出门打电话，催妈妈到病床前来一趟。

"今天是五月几号？"谢意突然睁开眼。李芒忙不迭地回答，十四号。"再过一星期就是我十六岁的生日，罗阿姨曾经答应那一天要满足我一个愿望——"

"我一定会提醒妈妈！"李芒接过话题，"她答应的事一定会办到。"

"真的？"谢意不知从哪来的力量抓住李芒的手腕，李芒仿佛被冰凉地铐住。他犹豫了一下，斩钉截铁地答复："真的！"

从病房一出来，李芒就守在医院门口，但妈妈既不接电话也不理会他的短讯，好像从遍布世界的信息网络中消失了。只到他耐心耗尽，回家才发现妈妈其实一直坐在客厅里。

李芒逼视妈妈："你怎么不接电话，也不去医院？"

"她怎么样？"妈妈淡淡地问。

"剩下的时间不多了，难道你不想去看看她？"

妈妈深深地吸一口气，眼皮像一本沉重的字典啪地合上。李芒预感到一种不祥的气息。果然，妈妈缓慢却很坚定地摇摇头。

李芒眼底爆出阴郁的火花："为什么？这究竟是为什么？"

"你没必要知道。"妈妈说。

"可是谢意说你答应过要满足她一个愿望……"

妈妈两眼猛地张开，似乎想说什么，最终只艰难地吞下一口唾沫。

妈妈的苦衷根本无法对李芒吐露。那个黑色的星期一已将她的骄傲和情感轰然摧毁,想一想都锥心刺骨。就是李芒插班那天,她临时改变了亲自开车送李芒和谢意上学的决定,因为有一家重要客户单位的庆典必须出席。庆典完毕,她从东亚酒店往外走,眼角的余光忽然捕捉到一个熟悉的背影,好像是——老谢?细看,确实是老谢,对面坐着一个雍容华贵的女人。她想也许该过去招呼一声,接下来,她看见老谢的手蓦然捉住桌上那只白净修长的手,当然也看见了老谢深沉凝视的目光。瞬间,正午的阳光像落叶一样在罗总面前凋零满地。

后来,那个女人抽出手走了,罗总悄无声息坐上那张椅子。"那位女士很出众。"她的话把沉思中的老谢惊得一跳。一向从容的老谢神情有些拘谨和苍白。她冷冷一笑,转向离去时被老谢拉住了:"罗总,别误会,您要听我解释……"

她决定听听老谢的解释。

"她是我的大学校友。"老谢说。如烟往事依稀涌来,这位校友曾经是他的未婚妻,谁知命运一颠簸,他阴差阳错娶了谢意的妈妈。上个月,他与依旧孑然一身的校友重逢,两人都很激动,都想继续青春的那段感情,可是她不能接受谢意,而且谢意也离不开罗总,他一直在彷徨,痛苦地彷徨……

今天的罗总回顾昨天的罗总,觉得自己极其愚蠢。她没想到自己真心的付出,会是这样一个结果。经历过两次婚姻,准备第三度接纳一个家庭,背后不知有多少人挤眉弄眼。但她豁出去了,直觉告诉她，这样做是值得的，可到头来连直觉也欺骗自己。她充其量是一个替别人哄女儿开心的工具而已。太可笑了，太可恨了！不能容忍，不能原谅，绝不！

"我没有义务去探望她！"妈妈冷静地对李芒宣布，"对一个不幸的孩子，我非常同情。假如她单纯只是一个邻居，我可以尽力满足她的愿望，但是我不能再让人耍弄得团团转，接着被一脚踹开，成为社会上的笑料。好歹在商界混了十几年，我还没蠢到那一步！"

李芒听得莫名其妙，很简单的一个要求，怎么一端到母亲面前就扭曲得理不出头绪。"可是你答应过……"

"是的，这是我第一次说话不算数。"妈妈愤愤地瞪了李芒一眼，"我也是无可奈何。送她住院垫付的一万块钱不要了，算是对她的赔偿好了！"

夜，在李芒的沉默中寂寂无声。他第一次发现真正无话可说时，沉默就等于绝望。一连几天，他不敢去医院，不敢面对那双执着追问的眼睛。但他终于忍不住了，在谢意十六岁生日那天跑到医院，守候了一星期的空白，她大概不会再问什么了。

是的，谢意已经不能再问什么了，她静静望着窗外的天空，眼睛空得像一口井。

"这是老谢还你的住院费。"李芒从医院回来，递给妈妈一沓钞票，然后摊开潮湿的左手，"这是谢意最后握在手里的东西。"

四颗精致的玻璃纽扣，闪烁着天空的颜色。

精彩
—**赏**析——

　　本篇文章讲述了两个家庭于青葱岁月发生的令人感叹、悲伤的故事。全文采用倒叙的写作手法，将"谢意住院""李芒与母亲的摩擦"重要情节提至文章开头，不仅从内容上制造悬念，而且使文章结构富于变化。随后，故事从李芒和谢意这两条线索展开，运用语言、神态、细节等各种描写分别讲述了两个家庭的不幸，以及两个孩子的不幸。可令人意外的是，两个家庭不仅有了交集，还短暂地营造了一个幸福而温馨的家，可却被父母的恩怨打破，暗示着谢意活下去的希望也就此破灭。故事结尾的"四颗精致的玻璃纽扣，闪烁着天空的颜色"既呼应文章标题，又照应了谢意与母亲初见是因为一颗纽扣，而这四颗玻璃纽扣也是谢意送给母亲最后的礼物。

_____

点点的一棵树

🌷 心灵寄语

> 不要勉强生活。今天就该好好活下去。要珍重每一天。要爱每一天,尊重每一天,千万不要糟蹋一天,不要妨碍开花结果。要爱像今天这样灰暗苦闷的日子。
>
> ——罗曼·罗兰《约翰·克利斯朵夫》

老 树

点点和他的树都消失了,消失在1989年春天的一个轰然响过的清晨。我想他,他的笑容就闪在眼前,满脸雀斑快乐地跳动,星光一样灿烂。因为他和他的树,让我在多年后的春天,还时常感觉自己正走在1989年苏州潮湿的阳光里,走近点点的树。

那棵树远远对着我的后窗,很老的桑树,歪起脖子,藤葛垂垂,树干锈出一个黑洞,宛如一只眼睛,空洞而又深不可测地盯着我,让人怀疑有一天它会漫不经心眨一眨。

初到苏州,只有这棵树陪着我。那一年我十七岁,因病休学,无家可归。父亲离婚后如同一个坍塌的酒窖,终日囚在醉醺醺的状

167

态里。来武汉谈生意的堂兄顺便把我捎到了苏州，替他守护秋枫巷里无人居住的老宅。堂兄定居上海，他说这条老巷即将拆迁，需要一个人留守老宅通报消息，我来得正是时候。

这条也许是明天也许是明年就要消失的小巷还留着江南古典的情调，杏花春雨、小桥流水，仿佛伸手就能摸到千古辞章。比如杜甫写家书时搔短的白发，是茶社一段沙哑的评弹；李煜回首故国的心情，是雨夜寒山寺送来的钟声；而苏轼在赤壁矶头的高唱，像是某个阴云欲雨的午后，一个男孩跑过石桥甩出的响亮呼哨，而此时天空恰好滚过一串惊雷……

但是点点的树不在古典的秋枫巷内，它站在古典与现代的分界线上，左侧的老巷幽梦沉沉，右侧则是一片空旷的工地，工地那边林立着繁嚣豪华的高楼。

我第一次见到桑树的时候，估计点点也在看它。那一天点点刚从吴江乡下来到苏州，站在对面时代大厦 33 层的阳台上。点点朝窗下扫了一眼就惊叫起来，他发现一不留神大地骤然从眼前消失了。点点紧紧地抓住阳台窗架，找了好一阵才瞄到一片空地，笔直的，遥不可及，缩成一块烧饼，饼上洒着一粒黑芝麻——那就是这棵老桑树，它像一个亲切的坐标让点点找到了大地。

大妹妹

她比我大六岁。

但是我叫她大妹妹，因为小巷里的人都叫她大妹妹。

大妹妹是标准的江南女儿，玲珑清秀，两眼波光粼粼，在石桥边守着一间很小的花店，经营绢花、纸花、塑料花，当然也卖鲜花。大妹妹的花店精致洁净、色彩缤纷，除了铺子小一点儿，差不多就是你常见的那种花店。唯一与众不同的是，花店门口整整齐齐地蹲着六座大青花瓷缸，卖酱菜。玫瑰、康乃馨、马蹄莲衬着酱萝卜、腌黄瓜、泡白菜，组合出一种让人哭笑不得的效果。

大妹妹只能这么经营。她会插花，也擅长做酱菜。她做的春不老是用留缨子的小萝卜泡制的，泡好后萝卜缨碧绿，细甜脆嫩，清爽可口。大妹妹卖花的生意比较清淡，光顾花店的大多拿一个碗直奔酱菜而来。玫瑰和酱萝卜是大妹妹一家三口的依靠，她要供弟弟读初中，家里还有一个患风湿病的爷爷。大妹妹的爷爷是夏天也要穿棉裤的，日复一日地歪在老槐树下的躺椅上，眯眼听收音机。收音机常年不关，他那眼皮也是常年不曾睁开，整个人成了槐树的一条根，活着，但一动不动。

大妹妹的花店我是每天必去的，我不需要花，酱菜却不能不买。堂兄留下的生活费必须挤一半买药，日子寡淡了唯有酱菜调剂。我买得最多的是酱黄瓜，黄瓜便宜，一把硬币就能打发。大妹妹几乎没有从我手里赚过一张钞票。接过钱，她摇头一笑，把硬币掂在手心叮的一响。那一刻，我的分量就像一枚硬币在她手心跳跃。因为这叮的一响，我买酱菜总是埋起头来去匆匆。

很久之后的一个黄昏，我在花店忽而瞥见一盆仙人球，仿佛母亲几年前在窗台上种的那一盆，连花盆上一道青痕都历历在目，就像走过六年时光和一千多里行程，蓦地守在这个黄昏与我重逢。我摸摸坚硬的刺，心里流过一线柔软的潮湿。

我决定买下它。那天大妹妹出门送花，大弟弟守在店里做功课，正抓耳挠腮对付一道几何题。我问问仙人球的价格，他扫一眼账本说五块，这是一个我可以承受的数字。我掏了一张钞票，捧着仙人球回去了。

隔两天，再去花店，又见到一盆相似的仙人球，被桥西沈先生捧着反复端详。沈先生欣然问价，听到价格后像被烫了一下，丢下花盆就走。

大妹妹报的数字是五十块。

难道大弟弟那天看账本漏了一个零？

我手足无措怔了一阵，这个零成了我一时无法填补的洞。只好交出仙人球，请大妹退五块钱。

"看来你挺喜爱这盆花，不过浇的水太多了。"大妹妹轻声说，"会烂的。"她拿两片海绵纸吸干花盆里的水渍，把仙人球又推给我说："你每周帮我送两次花，送两个月，那四十五块钱就算填平了，好不好？"

这倒可以试试，我手头唯一难以花销的就是时间。周二，大妹妹扎好一束康乃馨，让我送到时代大厦 33 层 B2 号。

我攀上 33 层，按响门铃。

一扇柚木雕花门随之敞开，点点闪现在我眼前。

点　点

点点终于被爸爸接到苏州来了。进城这一天爸爸把新型汽车一直开到吴江三眼桥镇南街。如果不是歪歪挤挤的老街还没有汽车宽，爸爸肯定会把车开到三婆门口。出门的时候正撞上一场细雨，爸爸让点点骑在自己脖子上，走向气派的汽车。老街两层木楼的门窗挤满了脑袋，三眼桥的人都知道点点总算等到了几天好日子——可惜点点的好日子也只剩几天了。半个月前，点点从树上摔下来，昏迷不醒。三婆背他上医疗站，上县医院，又上市医院。医生说脚伤不要紧，要紧的是点点大脑里有块瘤，瘤不停地膨胀，而且在扩散，以后点点的眼睛可能看不见东西，再以后⋯⋯

好在点点还来得及看到爸爸来接他。骑在爸爸脖子上被全镇人盯着，点点绽开一脸雀斑，幸福得难为情。一切就像八年前爸爸离开三眼桥那一天，也是出门一场雨，也是被爸爸架在脖子上。那时点点六岁。到街南头爸爸把他交给三婆，推一辆破自行车走了。三婆是爸爸的幺姑，点点在乡下一直等爸爸来接他，每月只等来一张汇款单，因为脑袋里这块瘤，点点总算又架在了爸爸脖子上。他还是八年前那点分量，挺像桥西那棵苦梨树，挂个指头大的果就僵在枝头不长了。医生说点点有智力障碍，他能长这么大已经是加倍努力的结果了。不过爸爸在这八年倒是脱胎换骨，也就一个来回两场雨的工夫，破自行车就换了一辆汽车。

上车前，点点忍不住回头望望三婆，三婆一边扯着嘴角笑一边抹眼角，脚下的石板路被雨淋得冷清清的。这一去就成了城里人，就见不到三婆了，点点的胸口突然一瘪，想哭。但是点点忍住了，怕眼泪摔到爸爸锃亮的头发上。

进城的感觉却是头晕。

点点一直想吐。爸爸打开一扇门。点点刚进客厅再也憋不住了，一腔酸水冲口而出。新房子简直跟轿车和电梯一个样，到处崭新得反光，到处裹着浓烈而冷寂的皮革油漆味，窗外一捆捆的云往后流，

171

站在房间里感觉也像坐汽车电梯动个不停，手脚悬在空中无处落实。

爸爸擦净地板，领点点参观房间，玩具柜里电动娃娃、遥控赛车琳琅满目，餐厅板壁居然镶了巨大的玻璃水屏，花花绿绿的热带小鱼在墙上游来游去，还有一只雪球样的小狗老是追着舔点点的脚丫。每看一样就惊叫一声，爸爸叼支烟无声地笑，很满意也很伤感的样子。

点点四处游了一圈，突然问，我们的蚕房在哪里呢？

爸爸怔了怔，仰在 33 楼的沙发上说，这地方还养什么蚕，你就好好享几天福吧。

没有蚕房，点点可怎么办呢？现在是秋天，点点习惯吃在蚕房睡在蚕房，那是雷打不动的。蚕房是三婆家里最敞亮的地方，耸着一架架金字塔形的蚕台，搁起五六层养蚕的簸匾。三婆每年春秋养两季蚕，蚕睡在簸匾里，点点也睡在一格大簸匾里。三婆不睡，蚕季来临，三婆和点点是没日没夜困在蚕房里。点点最喜欢摘桑叶，他的一双小手敏捷得让三婆眉开眼笑。采完桑，点点把头枕在三婆腿上，听三婆唱许愿的蚕歌，腔调嗡嗡嗡的，内容却很让点点憧憬——蚕趁熟，蚕趁熟，蚕要熟了买竹马哎，蚕要熟了吃枇杷……竹马与枇杷是一串酸酸甜甜的梦，常常勾得酣睡中的点点流下一线亮晶晶的口水。

钢　琴

钢琴在点点家的客厅里是纯粹的摆设。点点的爸爸也觉得钢琴是个摆设，可是负责新房装修的设计师说，摆一架钢琴房间才出格调。爸爸手一挥就把格调买了。

现在点点最怕这架钢琴，尤其怕严老师和小羽按琴键。小羽敲出的音符又尖又细，刀片一样剁着点点的脑门和耳根，严老师弹的调子软绵绵的，溺水般让人透不过气来。点点一听见琴声就嘴唇苍白。

严老师是爸爸雇的钟点工兼家庭教师，专门照顾点点的生活并教他游戏识字。冬天，爸爸带点点去上海切掉了肿瘤。回到 33 楼，点点就见到了严老师，黑长裙，金边眼镜，脸上收拾得非常干净，干净得一丝笑也没有，身边还拖着一个娇得像花蕊的小女孩，骄傲地盯着点点。女孩叫小羽。严老师对爸爸说，可以让小羽陪点点伴读玩游戏。

爸爸非常满意，点点怯怯地往爸爸身后躲。

严老师来了以后，爸爸不再日夜陪着点点，隔两天才回来一趟。点点的大部分时间就被拴在严老师手里。但是严老师很少理睬点点，她只要求点点按时吃饭吃药不许乱跑，余下的时间专心教小羽弹钢琴。严老师就是冲着这架意大利钢琴来的。严老师在城北私立幼儿园教音乐，不幸的是幼儿园只有一架旧风琴，一心想把女儿培养成音乐家的严老师对钢琴异常渴望，充分利用点点家宽大的客厅和名贵的钢琴就不失为一个明智的选择。

严老师也很讲究格调，新房子收拾得光洁如镜，赏心悦目，让点点的爸爸每次回家都无可挑剔。美中不足的是钢琴上还缺一束鲜花，严老师委婉地表示，是不是每周订两束鲜花预祝点点早日康复。点点的爸爸驱车便往大妹妹的花店跑了一趟。

我第一次送康乃馨是点点开的门，却被严老师敏捷地挡在门外。

她抱歉地盯着我灰溜溜的球鞋说，等下回买了拖鞋才能放我进去。一周后，她总算预备了拖鞋，总算允许我踏上水晶地板。她不停地忙着插花，忙着纠正小女孩的弹琴指法。点点蹲在门角，手捧着头像一只淋在雨中的鸟，足足有一刻钟，他凝固着这个动作。

我忍不住摸摸他硕大得不成比例的脑袋。

他痴痴地翻了我一眼，冒出一句："爸爸呢？我爸爸在哪里？"

我莫名其妙地望望严老师，严老师投来厌恶而怜悯的一瞥。显然，点点时常用这个问题干扰她和她女儿练钢琴。

后来我才知道点点的爸爸在哪里。爸爸在苏州还有一个家，这间新房子原本是爸爸为那个家的老婆儿子准备的，可是点点先住进来了，继母就坚决不搬过来。爸爸正如愚公移山一样努力，企图合并另一半家。但是爸爸无法对点点说明，即使说明了点点也无法理解。

那天，严老师意外地没有催我走，她急于解开女儿老是卡壳的一个音符。为排除干扰，她搜集一堆彩电音响、录像机、电动火车的遥控器交给我，请我帮帮忙，教点点学会娱乐。点点对这些遥控器特别警惕，那些骤然闪烁的指示灯和声响老让他一惊一乍。折腾半天，他僵硬在缩在门角，不肯伸一个指头。

面对他呆滞的眼神，我突然意识到自己的愚蠢。

事实上，当时除了蚕谁也闯不进点点的世界。蜷在城市的门角，点点开始追忆在蚕房的日子。成千上万的蚕爬满点点的记忆，它们绵软清凉的蠕动如同梦的指头，抚摸着点点，安慰着点点。它们的日子和点点一样是无所顾虑地吃和睡。在三婆眼里，一只蚕就是一个光屁股的点点，又乖又让人劳神。蚕一天吃一顿，一顿二十四个小时。所以三婆在每个蚕季最劳神的事不是喂蚕而是采桑。三婆背驼得厉害，爬树采桑必须依靠点点。清晨三婆和点点把桑叶连同露珠采回来，这样的桑叶脆嫩，饱含夜露的甘甜。然而蚕宝宝不能碰水，碰水就烂一片。点点必须把带露的桑叶一片片擦干。夜深人静，满世界就剩蚕轰轰烈烈啃桑叶的声响，三婆像给爱蹬被子的婴儿盖棉被一样整夜往篾匾里铺桑叶。

蚕季里，点点也是一天吃一顿，昼夜不分，什么时候饿了，三婆便撕块麻饼填进他嘴里。终于在某个午夜，满屋子蚕心满意足地停止了吃，胖得通体晶莹，在橘黄的灯光下灿然生辉。这个时候，三婆会捉几条蚕摊在掌心，蚕像有生命的液体，在三婆手上冰凉舒畅地流淌。三婆的眼无端地湿了。三婆指一条蚕说，你是大货，你是二货……三婆说的大货、二货是自己的四个儿子，四个儿子都好比光屁股的蚕，在三婆怀里吃着长着，长大后蝴蝶破茧般考取大学，远走高飞了。每个蚕季三婆都是重新做一遍母亲，好像把儿子重新哺育了一遍。最后，三婆蹲下来，摸摸点点的头说，只要你长不大，就飞不了。

可是点点还是飞了。飞到城里的点点像一条没有桑叶的蚕，成天紧张地四处张望。钢琴奏响贝多芬的《欢乐颂》时，点点呜呜地哭了。点点猛地放声大喊"三婆！三婆！"把欢乐颂吓得戛然而止。

麻　饼

麻饼和苏州的距离并不远，却始终闯不进苏州。

大妹妹常去吴江乡下收购小萝卜，依稀见过麻饼：粗麦粉夹霉干菜，外壳铺一层芝麻，烘得硬如砖块，久贮不坏，是农忙时节的乡土快餐。

大妹妹第一次往 33 楼送花，正撞上点点一迭声喊麻饼。餐桌上摆的营养餐中西合璧内容丰富，点点嗅都不嗅。点点弄不明白，牛奶鱼肝油蛋卷鲜虾看上去倒是五光十色，怎么填进嘴里全是一个味，腥。

点点说："我想吃麻饼。"

严老师命令：喝牛奶！

点点赶紧不歇气地嚷麻饼，这是他近来摸索的经验，片刻不宁喊下去总会有个结果。严老师拈起一张奶油饼。点点说："这不是饼！"

这时候大妹妹送花来了。点点晃着脑袋对四堵墙投诉："不是饼！不是麻饼！"大妹妹踌躇着说："麻饼要夹霉干菜，贴在桶炉里烘……"

严老师问："哪里有霉干菜和桶炉？"

大妹妹答："吴江乡下。"

严老师用鼻孔笑了一声。点点的声浪骤然高涨：麻饼麻饼麻……

严老师的脸色就有点儿山雨欲来了，从电话本里搜到一个三眼桥的号码，拨通电话，把话筒扔给点点说："你有本事就叫老乡送一筐饼来，反正你爸爸有钱！"

话筒里响起三眼桥镇长的呼喊："喂，哪个？哪里？说话！"

点点像躲一条蛇惊恐地往后缩。严老师重重挂断电话，转身督促小羽喝牛奶。

点点孤立无援地瞅着大妹妹。大妹妹也不知说什么好，撩起奶油饼放进点点的碟子："吃吧，这么好的东西。"

东西是好，这么丰富，可是点点想哭，又没有理直气壮的委屈，只好苦涩地抽抽鼻子。

爸爸再来的时候，点点已经休克了。爸爸抱起他往汽车里送，耷拉手脚的点点像断线的木偶，送到市中心医院"修理"了半个月。医生说，肿瘤切了又长，即将扩散到小脑，让这孩子折腾的日子不多了。出院时，爸爸摸摸点点细小冰凉的脖子，心猛地往下一跌。爸爸轻声问："你还想要什么？"

"我要三婆，要蚕。"点点想了想，不好意思地又添了一条，"还要麻饼。"

爸爸扭过头对小车后座的严老师说："先去麦琪西点厅买一份麻饼。"麦琪专营高档西式点心。

严老师说："那里不可能卖麻饼。"

爸爸不耐烦地说："我有钱！"

汽车刚到麦琪门口，手机偏偏响了。爸爸接听后狠狠地拍了一下方向盘。"我有急事要办。"爸爸对严老师说，"你带点点进去，定做一份麻饼，夹霉干菜烘硬，多少钱都行。"

汽车掉头而去。严老师牵着点点和小羽找到点心师，点心师客气地请严老师等一等，他们要研究一下麻饼的制法。

严老师刚坐下来就被一阵琴声牵引得站起来，大厅西角在做促销活动，一群小顾客轮流弹着钢琴，第一名赠送一个月早茶点心。一个梳小分头的男孩行云流水地弹着，弹得严老师心里发痒，她义不容辞地推推小羽，你上！

沉浸在琴声中的严老师完全忘了麻饼，也忘了点点。点点很快被琴声吓跑，一出门满眼汽车，满耳喇叭声，不知该往哪里去。点点坐在麦琪台阶的一角，两眼四处张罗，忙了一阵他发现了大妹妹。大妹妹骑着满载乳黄瓜的三轮车，点点激动地喊："麻饼麻饼！"

大妹妹循声望见点点，轻轻捉住他问："怎么一个人在这里，你爸爸呢？"点点茫然摇头。大妹妹又问："你来这里干什么？"

点点吮着手指说："我要麻饼。"

大妹妹扫一眼麦琪橱窗里珠光宝气的点心，叹口气说："跟我来，我给你做麻饼。"她把点点抱上三轮车，踩回秋枫巷，揉着面和点点商量，没有霉干菜，用酱菜好不好？

点点不说话。点点坐在大妹妹窗前看天上的太阳。太阳有角，长满麦芽，在乡下已经催开了桑叶，孵出了蚕蚁。该是养蚕的时候了，这么好的太阳进城就白白冷清着，冷清得像点点的时光。

太阳看久了就渐渐地黑了，眼前仿佛悬了一个空空的洞。

大妹妹烘出一块硬饼，小心搁在点点手上。

点点仰起头："我想三婆，你带我去找三婆。"

"三婆？"

"三婆在蚕房里养蚕，我也想蚕……"

日子过了谷雨，雨水就扯不断了，点点趴在 33 楼的阳台上再也见不到地面。在麦琪门前失踪后，严老师规定他只能上阳台透透气。窗外，大捆大捆乱云似乎在点点胸中翻涌。

但是点点没有想到大妹妹突然给他送来一个纸盒。掀开盖子，一丛绿莹莹的桑叶芽。点点意识到什么，拈一片桑叶芽凑到眼前，上面果然蠕动两粒黑芝麻，是蚕，黑色的蚕蚁！

点点胸口咚地跳出一个太阳，捧过桑叶吸了一口，33 楼上立即拂过三眼桥的风，清新温润，夹杂蜜蜂、水草和燕子窝的气息。点点两眼汪着泪，轻轻喊："三婆三婆！"

蚕 茧

点点的蚕是五十条。大妹妹每天清晨从巷侧老桑树上采一筐嫩叶，用纱布擦干夜露，嘱托我送到 33 楼。

五十条蚕使点点容光焕发。他把电动娃娃遥控赛车统统扔出卧室，在地板上铺张竹席开辟成蚕床，撒桑叶扫蚕屎，快乐地与蚕共舞。

蚕吃吃睡睡很快撑得胖嘟嘟的。一个上午或一个下午，点点抚弄着蚕和它们一起回顾乡下的日子："你是银货你是小菊……"银货和小菊是蚕的名字也是乡下的伙伴们。他挑出最肥的一条蚕说："你是爱揪人的黑货，罚你跑十圈！"点点在乡下常受黑货欺负，三婆告到学校，老师就罚黑货沿操场跑十圈。蚕沿着竹席边爬行，摇头晃脑还真有点儿像黑货。点点笑眯眯撒下一层桑叶说："乖！真乖！"

点点生龙活虎的劲头让爸爸惊喜不已。他跑到大妹妹的花店，摘桑叶般掏一沓钞票，还特地围老桑树转了两圈，默默凝望一树嫩嫩的绿光和树干上的洞。那蚀在一条鲜活生命上的黑洞也许让他联想到什么，他突然苦涩地笑笑，低声说："点点！"

离春蚕结茧还剩一周，大妹妹要去昆山给表姐做伴娘。大妹妹关了花店，嘱咐我按时给点点送桑叶，采下的叶要擦一擦。

接下来撒了一夜雨，细细的雨声像蚕一样把睡眠啃得零零碎碎，然后我惊醒在一个轰然作响的早晨。出门采桑，木楼石径一切照常，但潮湿的阳光里似乎有点儿异样，小巷仿佛缺了颗牙，被一种丢失和空白的感觉堵着。

我猛地跳起来，去看桑树。它已经颓然仆倒，曾经站过的地方只剩一截伤痕累累的树桩。被砍伐时它一定沉沉呻吟过，最后用一声痛呼把我惊醒。树干上的黑洞依旧像一只眼睛，呆滞无助地仰望着天空。

一个民工过来轰我走开，说这块空地要开工建饮料公司。

我说："为什么突然就砍了？"

他瞥瞥泥泞中的青枝绿叶："半年前就该砍了，以前这里有一大片树，砍到这一棵偏偏电锯断了，今天要开工了才收拾它。"

我看他和另一个民工把老树拖走，茫然了好一阵才失声叫道："那点点的蚕怎么办？"

六天后大妹妹回到秋枫巷，老树蹲过的位置已经赫然立起半堵墙。大妹妹径直冲到我面前："树呢？蚕呢？"

"砍了。"我说，"严老师来问过桑叶，她说桑树砍了就让点点把蚕扔掉。"

大妹妹拽着我赶紧往时代大厦那边跑，闯进电梯冲上 33 楼，把点点家的防盗门拍得啪啪响。

门开了，严教师拎两只箱子，诧异地盯着我们："你们还来干什么，我都要走了。"

点点呢？大妹妹问。

"在医院太平间里，昨天夜里推进去的。"严老师顿了顿，尽量把语气压得沉重一些，"那些肿瘤，切不完的。"

"蚕呢？"大妹妹又问。

严老师推开点点的房门。凌乱的蚕床上散布着干硬的桑叶梗，几十条蚕如同撒了一竹席枯叶，死去了，头还仰着，仿佛还想说点什么咬点什么。整个房间像一片惨烈的战场。

严老师说，点点的病是在夜里发的，早晨发现时手脚差不多已经僵了，他的手就硬硬地指着那里——她指了指天花板拐角，突然不可思议地张大嘴——那里居然爬着一条织茧的蚕，一条，只有一条。毕竟少了几天桑叶，薄薄的丝很不充分，透过茧子可以看见蚕困苦的挣扎，像忍受一种痛，进行没有温度的燃烧。

大妹妹紧抿嘴唇，一滴泪从33楼的高空滚下来，把整个苏州敲得空空一响。

精彩 赏析

本文开篇便表明了故事的结局，之后按照正常的顺序回忆故事的具体过程。这种倒叙的叙述方式，既能增强文章的生动性，使文章产生悬念，又避免了叙述的平板和结构的单调。故事重点讲述了"点点"因患脑瘤无法治愈，被爸爸接到城里度过最后一段日子。作者在故事结尾处提到，点点想念乡下的外婆和蚕，"大妹妹"就送给了他五十条蚕和许多桑叶，点点很开心，病情也有了好转。可是有一天桑树倒了，蚕死了，点点也消失了……作者借桑树暗喻点点的生命就像一棵树，生长、发芽、开花、结果，直至最后凋零，但可悲的是，点点跳过了开花、结果，直接凋零，最终消失了。那时的他才六岁，他还没有享受这美好的童年。全文的基调低沉、沉重，令人不禁沉浸其中，惋惜一个美好生命的消散。

单 纯

🌸 **心灵寄语**

　　人最美好的状态就是，看过了世界的黑暗与痛苦，却依然相信它的单纯与美好。希望那时候，我们都已成为那个更好的自己。

　　钱咏冰是一个很乖的女孩。

　　钱咏冰上中学前住在栖镇永和巷。永和巷是一条很老的巷子，歪歪斜斜，拥拥挤挤，像幼儿搭的积木。夏天的阳光逼着小巷照一整天，也插不进巷内边边角角。小巷深、黑、暗、潮，如一幅黑白照片。住在这条巷子里的人大多不太富裕，钱咏冰的父母是其中之一。

　　钱咏冰在童年最大的特征就是乖。她的课余时光是在一高一矮两个竹凳上度过的。竹凳摆在巷口——这里的光线亮一些，钱咏冰经常静悄悄地趴在凳上做功课，或者择菜、剥青豆。钱咏冰剥过很多年的青豆，她家里不知为什么有那么多的青豆可剥。偶尔，巷内会有一个男孩进出巷口时把竹凳绊翻，剥好的青豆欢跳着撒了一地。男孩是故意的，他从四岁时就反复玩这个游戏。钱咏冰从不大吵大叫，她只是毫不理会男孩的存在，耐心地捡起地上的豆子。男孩无奈地打个口哨。泡泡糖、跳房子、红气球，这些阳光灿烂的色彩在钱咏冰的童年似乎总是一闪而过，和她开玩笑的内容只能纠缠在青豆上。

钱咏冰是在十岁那年迁出永和巷的。巷子随后推倒重建。很多年后，永和巷给人最后的印象，依旧是一条很老很暗的巷子，还有巷口一个很乖的女孩。

念到中学，钱咏冰跨过了用"乖"来形容的阶段，在旁人眼里就变成了单纯——还是一个成长了的"乖"字。

跨过"乖"字的钱咏冰喜欢穿黑色的长裙，长裙古典而高贵。一袭黑裙，一肩柔黑的长发，颀长的钱咏冰像一只黑天鹅，日日从栖镇飘过。不过，这只天鹅从不回盼她看到的男孩。

男孩们和钱咏冰之间隔着难以填补的空白，包括"衙内"胡恒也曾在钱咏冰手下栽过一回。103宿舍的男生以一箱啤酒与胡恒打赌，赌他有没有办法让钱咏冰正眼看他一眼。自习课，胡恒坐到钱咏冰前排，目不转睛，火辣辣地盯了钱咏冰45分钟。钱咏冰全无反应，连从容镇定的表情装饰都没有，静静地看书复习。下课铃响，"衙内"的目光彻底崩溃下来。

第二天，钱咏冰从笔记本里抽出一张梦巴黎歌舞厅入场券。梦巴黎是栖镇档次最高的歌舞厅，入场券不是寻常男生买得起的。钱咏冰既不退还也不撕掉，随手往旁边的课桌上一扔了事。旁边的一名男生王开发现意外的收获，以为是钱咏冰的邀请，如获至宝，傍晚就兴冲冲赶到梦巴黎，与同样兴冲冲等候的胡恒碰了一鼻子灰。

为此，钱咏冰得到一个长长的外号，叫"不可开垦的冻土"。后来，胡恒为便于推广，又简化为"南极"，在全校叫得很响。

钱咏冰习惯把生活的色彩过滤得很纯，纯得让别人注视自己的眼光里只有一种内容。论外表与气质，她都称得上美丽，美丽的女孩通常最让老师不放心，但老师是放心她的，大半是因为她那种很符合老师期待的单纯。

有一天，她收到一个挺沉的邮包。

邮包，是一个叫奕的男孩寄来的。奕是她童年的邻居（就是经常绊翻她的青豆的男孩），念小学还同过桌。永和巷拆迁后，奕随父母搬到了南方一个遥远的城市。

打开来，里面是一个椰雕娃娃、一盒南国红豆、几片海滩边拾的贝壳和两袋椰蓉糕。（这些都是海南特产，是可以嵌进诗歌中吟唱的礼物。）

还有，一张风情别致的照片，是奕迎着海风奔向天涯海角拥抱大海的形象。对于足迹只在这个江北小城的她而言，这幅照片是很诱人遐想的。

随邮包寄来的，还有一封信。

信写得很简单：暑假里去了一趟海南岛，带回这些小纪念品，寄你作纪念，请查收。

面对打开的邮包，她第一次不知道怎么办。

退回去？奕并没有表白友谊之外的东西，凭空给人难堪，对不起童年那段记忆。

那么留下纪念品，是不是等于回答了什么？承诺了什么？

几经犹豫，钱咏冰还是把邮包的大部分内容上交给班主任过目，请示该怎么。

"该怎么办呢？"老师满怀爱护与期待地反问她。

钱咏冰嗫嚅了一下，有点儿轻松也有点儿怅然地回答："还是——退回去吧……"

于是就这样退回去了。只是她留下了未让老师过目的那张照片，还有一片贝壳、一粒红豆。

随后，又有一包书邮来，又有几张精美的明信片邮来。每样东西钱咏冰都抚摸了一阵，然后经班主任或父母过目，在他们赞许信任的目光里，让收发室贴上"已搬迁，新址不详"的条子，退了回去。

从此，再没有邮包，也没有信来。日子没有情节地悄悄掠过。这个结果是钱咏冰所需要的，但心头又有些空落落的，觉得对不起奕，同时觉得自己可能把一些纯净的东西也生硬地滤掉了。

或许，应该回封信？这个念头也曾经闪现过，但感觉到父母和老师信任的目光，又只能允许那种情绪在心头闪一下而已。

奕的那张照片，钱咏冰一直夹在一个很精致的只给自己看的笔记本里。许多女孩都有这样一个笔记本吧。说不清为什么要留下这张照片，也许只是希望青春能够藏一笔令人满足和安慰的色彩。

但照片还是被发现了。母亲在收拾房间时抄出了那个笔记本，还有红豆和贝壳。父母觉得钱咏冰单纯的世界开始被这些东西弄得令人担心了。母亲决定把发现的秘密交给班主任，希望班主任配合家长把照片的影响从她生活中处理掉。母亲干这件事时非常郑重，和班主任详细商谈处理的方式，如同两位科学家在研究怎样填补南极上空的臭氧洞。

这正是钱咏冰即将列入县"三好学生"名单准备上报的时候。班主任把她叫到办公室，背着别的老师将奕的照片朝她露一角。钱咏冰像被枪弹击中的小鸟，双肩瑟缩起来，脸红了，又白了。

"真是你藏的？"

"是……可我只想……"

"藏了多长时间？"

"快两学期了。"

"就是说你拿第一个邮包给我过目时，就做了小动作？"

"……"

对话进行到此，她流泪了。对于钱咏冰来说，眼泪是无声而汹涌的哭。她捂脸冲出了办公室，引来好多老师惊诧的目光。

班主任憋到下班才痛快而又痛心地叹息一声，把钱咏冰的名字从"三好学生"名单上无可奈何地划掉了。

回家后又经历了父母的一番风吹雨打。钱咏冰沉默了一个晚上。第二天把奕的照片从班主任那里要回来，当面烧掉了。那粒红豆还有贝壳她想扔到垃圾堆里，但终究没有扔，轻轻地抛在校园的一棵梨树下。梨花落了，初夏的小梨躲在绿叶下探头探脑。阳光明晃晃的，红豆和贝壳在晶莹的泪珠中色彩非常绚丽，像一线正在消逝的彩虹。

此后，她完全把自己囚在课本和教室，囚在父母老师所期望的那种无梦的单纯里。

两年过去了，也就是钱咏冰顺利考上南京大学的那一年，她无意间在栖镇书店里遇到了回乡探亲的奕。奕已经成长得高大帅气了。两人都为这次邂逅而激动，都想舒心地谈谈，或者像童年时代那样无忌地笑一笑。但不知是什么拘束了这些冲动，谁也不碰那张照片的话题，谈来谈去只是几位同学的近况还有栖镇的天气等。童年及少年时代许多原本应该是很美丽的色彩和旋律仿佛被无形的东西冲淡了。

告别奕之后，钱咏冰走在栖镇灰色的街上，不禁想起那粒被抛在梨树下的红豆还有贝壳。其实那些绚丽的色彩并不会把她的生活旋律扰乱，只是当时为什么就不能容许它们在青春里闪一闪光呢？

这个时候，栖镇中学的梨花该是寂寞地开了，花开得一片单纯，也是一片的苍白。

精彩赏析

文章开篇开门见山，直入主题，同时介绍了故事背景和主要人物。首句"钱咏冰是一个很乖的女孩"总领全篇，点明钱咏冰的性格特征，也为后文钱咏冰被家长和老师所谓的"乖""单纯"束缚，进而失去自我的故事情节做铺垫。在整个故事的叙述中，文章以顺叙的方式详细地讲述了钱咏冰中学时期的一段故事。其中，从钱咏冰两次收到包裹后告知老师和家长，并在他们赞许信任的目光下按照他们的要求退回包裹这一行动可以看出，钱咏冰对"乖"的顺从。但是，她却留下了奕的那张照片，这一点让钱咏冰这个人物形象更加饱满，也让读者知道了她虽然"乖"，却也是有自己思想的。同时，这也是钱咏冰对"乖"，对家长和老师的一丝反抗，令人看到了一丝希望。但可惜的是，她依旧无法逃脱家长和老师的束缚，致使错过了很多美好的时光。

四 季

🌸 **心灵寄语**

> 一束束散落在四季光阴的情感令我们明白了，生命在积累与放弃之间，也许还有一线缝隙，叫永恒。

大约十二年前，我开始写小说的时候，曾经和我中学同桌的女孩时常帮我誊抄稿子，时常累得鼻尖滑过一滴晶莹的水珠，这让我很歉疚。我也时常说将来等你写了稿子，我一定帮你抄。但是我从来没有帮她写一个字，仅有一回，她把我没写完的半篇散文也誊抄下来，并且用自己的故事补写了后面两章，就是这篇《四季》。我把文章改写一遍后以她的名字发表出来。那以后她患上永难痊愈的病症，再也不可能誊抄我的文字。

她曾在日记里写道："人生其实可以分为两半，前面一截是积累，后面一截是放弃。"而今我还在城市的风尘中奔跑积累，离自己想要的一切越来越近，表情却日渐世故而僵硬。唯有想起她鼻尖滑过的水珠和一束束散落在四季光阴的往日情感，才明白生命在积累与放弃之间，也许还有一线缝隙，叫作永恒。

冬天·衬衫

冬天，无雪。天却是出奇的冷。

宿舍窗台上深绿的仙人掌突然死掉了。我莫名其妙地预感到，母亲肯定是永远地去了。

仙人掌是母亲十四年前种的。十四年来，我迁徙了三个城市，总带着它，又总是随便把它往窗台上一撂。十四年间看它忠实而沉默地伴我活着，看它在烈日严霜下日渐枯皱，直到它背着一身棘刺死去，才想到这其实是母亲一生的写照。

而母亲已经永远地去了。

她有一双很秀气又很苦的眉，眉尖低垂，终日习惯地蹙着。在我出生后第一次睁开眼睛，就看到这样低蹙的眉，直到我看她最后一眼时，她眉尖还是这样蹙着。三十年漫漫过去了，她的眉尖从未舒开过。

她的家乡在江北栖镇。除了面对父亲，她总是温和地沉默着，守在阴暗的木楼里缝缝洗洗，或者背起妹妹去缫丝厂做工。她把语言积攒起来，预备同定期从省城回来的父亲争吵。父亲的表情总是阴晦暴躁的，进门后能够让空气不再流动。她和父亲的争吵如同栖镇空气中潮湿的水分，随季节的变化，像雨像雾像穿堂而过的冷湿的风，不变的是母亲睫毛上流淌的悲伤。

她差不多就这样生活了十三年。十三年，她从栖镇搬到省城，一直忙碌在只属于她的四平方米厨房里。十三年后，父亲对她说，他该走了，该抛下一切，这样的日子他不想重复下去，他还可以开始另一种生活，否则就来不及了。

他说的一切包括母亲，可能也包括我和妹妹。

父亲说这话的时候醉着酒，泪流满面。

他给母亲只留下每月三十元的汇款单。

我应该跟着父亲，但母亲一直舍不得放我离去。她每天踩三轮车拖菜去菜场吆喝贩卖。我和妹妹沿着木屋板墙把卖不完的菜码好。萝卜、韭菜、土豆、西红柿……我们可以把卷心菜码到两米高而巍然不倒。

我长高了。妹妹越长越矮。她患上一种慢性血液病，煎熬了无数中药，也煎熬着母亲。但母亲每周还买一块仅够喂猫的肉，做汤给我和妹妹喝。在童年的黄昏，我常躲进屋檐的阴影下吹着断续的口哨，看母亲凑近昏黄的灯熬药或者把肉丝一点点挟进我碗里。十四年间，我在任何一个黄昏都会无意识地嗅到中药味。这种味道苦涩而伤感，也恍惚而亲切。

终于有一天，母亲绝望地盯着一罐熬干的药渣说，她要带着妹妹再成一个家。她要嫁的那个人肯出钱为妹妹治病。

母亲的话是对舅舅说的。但我觉得眼前轰地一黑。

属于我的世界坍塌了。

我回到父亲身边。母亲坐船送我。二十里悠悠的水路，她说不出话，只是低头替我补一件衬衫，不时撩起衬衫擦擦眼泪。到码头，衬衫已经半湿了。

在父亲家门口，母亲替我穿上衬衫。

我没有哭，也没有对她说再见。她走了，我立即脱下衬衫往窗外一甩。

我觉得我是把母亲从心里扔出去了。

但她的影子还是时常溜到我眼前。年复一年的风霜雨雪中，我常会联想她就在这样的天气下守着一摊冷清的菜，想着她弓着腰拉三轮车的背影。

十七岁我离开省城，忍不住偷偷去看了她一次。

我已经知道妹妹的病终究没有治好，也预想过她会是怎样的孤单，但我从没想过她竟是那样呆滞而苍老。她失神地守着一堆萝卜，端着一碗冷了的饭，碗边爬着两只苍蝇……

我没有勇气上前叫她一声妈，只为了始终郁结在心头的埋怨，也为了十七岁的倔强与骄傲。

现在我多想再叫她一声妈，但母亲已经听不到了。

我回到童年住过的木屋，把母亲抱在怀里，手上的感觉是一个冰凉的骨灰盒。

夕阳照着孤独的我和我怀里的木盒。

我忽而发觉木盒下衬着的布竟是母亲为我补过又被我扔过的衬衫。衬衫很小了，上面凝聚着母亲十四年的泪痕。

身后仿佛有一声叹息，我猛地回头，风声寂寂，只有仙人掌沉默的棘刺。夕阳仿佛被蜇疼了，一瞬间从眼前坠了下去。

夏日·白果

母亲卖菜的钱都存进一个旧木匣。木匣里糊着三十一个小纸袋，每个纸袋分装着一天的生活费，精心而艰难地挨过一个月时光。纸袋外积攒的零碎毛币，是妹妹的医药费。

夏天，栖镇青石街上断断续续回响着悠长的竹板声，还有同样悠长的叫卖："热炒——白果哎——"

卖白果的小姑娘声音像浸着春水，涟漪一样远远漾开。

白果结在邬桥的银杏树上。栖镇的夏天浓荫遍地，梨树、桑树、枣树橄榄都有，唯独没有银杏。我不知道白果的味道，大概比梨枣橄榄和桑葚好吧？枣梨青青圈在各家篱笆院落里，收获相当稳定，而河堤边成片的桑葚简直就是免费的，白的紫的，有玛瑙的光泽，只可惜盘踞在桑叶下的刺毛虫也同样绚丽。

烈日当空的午后，我老是孤独地站在一个圈外，看男孩子爬上桑树，坐拥一树白的紫的桑葚，满不在乎地拈起阴险的刺毛虫嗖的弹入水里。除了桑葚和刺毛虫，他们还能收获蝉蜕。蝉的成长是脱皮而出的，留下童年的壳，像时间的空屋。卖掉蝉蜕就可以买白果，热炒白果两分钱五粒，他们轮流掏几枚硬币，换来一把白果共同分享，不像吃桑葚那样随便挥霍，认真剥开白果玲珑的壳，再小心吞下翡翠般明净的果肉——我对夏天在记忆至今还一直闪着这种翡翠的颜色。

我渴望自己买一次白果。母亲偶尔也买过炒白果，是妹妹气喘咳嗽时买来当药汤的点心，和我没有关系。"好吃吗？"我问。

妹妹停止清脆的咀嚼，显现皱巴巴的表情。

苦？除了苦，妹妹大概分辨不出别的味道，她像个易碎的水晶杯子，里面盛的全是苦药。

我不会爬树，也怕刺毛虫，树上的硬币是摘不到的。不久我发现白鹅滩上有一种晒干的美人草可以卖钱，我跟着戴草帽的老太婆跑了两次，能够认出美人草的形状和气味。午后我溜出门顶着骄阳去剪草，草丛里热浪蒸腾，蚱蜢蹦到我额头湿透的乱发上喘息。背后突然有窸窣的声响，一回头，妹妹苍白的小脸居然在草丛里探来探去，她拎着书包和铅笔刀，学着我全副武装的样子。比起我，她更孤独，只能跟着我的影子跑。

我扔下美人草，赶紧送妹妹回家，她两腿已经被茅草划出了血痕，水晶杯子不经碰，一出血是止也止不住的。

机会还是悄悄来了。仲夏时分，母亲去制衣厂送货，出门前拿两块钱交代妹妹送给梅先生。妹妹时常去梅先生的诊所打针，有些常用药她熟练得可以自己去拿。

窗外卖白果的声音及时地回响起来。趁妹妹午睡，我忍不住掏出她手心的绿色的钞票，手指直颤地买来白果，兴冲冲地分给被两块钱震惊的男孩们。我跟他们跑到桑树下，认真剥开玲珑的壳，差不多在我咬到白果的时候，飞来的一巴掌把我翡翠色的梦抽到了泥地上。

这是母亲第一次打我。

她慌忙翻我的口袋，怎么也找不到剩余的一块九角钱。我都不知道什么时候丢了那一叠不算薄的零票子。整整一个下午母亲都在寻找，黄昏将近的时候，妹妹猫一样蜷在草席上，等着母亲端药。母亲给妹妹喂了一碗开水，然后我听到她哀哀的哭声。

在父亲抛开她的时候，我都没有听她哭过。

十四岁的夏天，干旱无雨，地烧得冒烟。我发了很久的高烧。在我醒过来的一个早晨，我看到床边堆着一小撮白果壳。

母亲说，吃了白果，我居然就退烧了。

这么说我是吃过白果了？

不管怎样搜肠刮肚，我都记不起那翡翠色彩的味道。

很久以后，我才知道妹妹剪了两斤美人草卖给春草堂，换了四两炒白果。自从不见了那两块钱，妹妹一直想把它赚回来，常常溜到白鹅滩剪草。距离两块钱已经不太远的时候，因为我发烧，妹妹把偷偷剪来藏起的美人草换了一包白果。美人草轻过羽毛，两斤美人草需要她在夏日的骄阳下剪很久。

十四岁的时候，我不知道流泪。又过了十年，我再一次咬开白果，竟尝到意外而浓郁的苦味。为这苦味后面的味道，我倒流了很久的泪。

秋风·如意

如意是一张活的贺年卡。

我到栖镇念高中是 1990 年，正是贺年卡席卷校园的时节。临近元旦，花花绿绿的贺卡地摊遍布校区，地摊边挤满了叽叽喳喳的学生。临近元旦，校园传达室的两个邮筒几乎被贺卡撑爆了，还有一大群女生拿着塞不进去的贺卡，在寒风落叶中痴痴守着邮递员。

我在高中时代独来独往，从来不买贺年卡。同学送我卡片，我摘片万年青树叶聊以回赠，收到的人咧咧嘴，次年元旦就不再和我来来往往。

高二学年元旦，同桌小谢转学，我照例摘片树叶送他。第二天，他掏出一只小乌龟放在我文具盒上。乌龟小如鸡蛋，腹甲上刻着两个篆字：如意。

这是他回赠给我的贺卡。

从此我一直带着它，把它养在床底一个旧脸盆里，也经常把它放在课桌上。它是一只很乖的龟，缩着脖子，两眼圆睁，沉默着，也像思考着，一动不动。很多时候，我被一道难题卡得心急如焚，它总是这样冷静地望着我，哲人似的，样样事情都明白，只是不开口。

它腹甲上的"如意"似乎给我带来过意外的好运。统考会考，我都把它放在墨水瓶旁，陪我一起考试，考分是意外的高。

　　这年冬季，同学做宿舍清洁，不小心把它扫进了一堆废纸，又把它当垃圾扔了。学校的垃圾都倾在校西池塘里，倒垃圾的女生说，亲眼看它被甩进水里，咚的一声就消失了。我感到片刻的怅然。池塘结冰的时候，偶尔会想起它，以为它就此从我的世界里被轻易地抹掉了。

　　冬去春来，我去食堂买饭，忽而发觉了它。它被两个男生从池塘边捡到，放在洗碗池里，反复翻倒它，让它翻筋斗。我看到"如意"两个字，赶紧要赎回来，他们不肯，揪住我非要抢回去。我甩掉开水瓶把它紧紧抱住，水瓶爆破的声音惊得两个男生一齐松手。这样，隔了一个冬天，隔了一层厚厚的冰，隔了无数个瞬间就要失之交臂的机会，它居然又活着回到我掌心，头高高昂起，十分骄傲地凝视着我。

　　它陪我参加了高考，趴在桌上看我答题。后来，它有些激动，在试卷上爬，被监考老师没收了。交卷，老师把它还给我，问："是护身符？"我摇摇头。老师摸着"如意"两个字，一笑，意外深长。

　　它随我进了教育学院，还是住在旧脸盆里。年去年来，它长到鹅蛋那么大，喜欢爬来爬去。九三年夏天，我忙着抄资料，它在桌上乱爬，就随手把它塞进床头外套的衣兜里。晚上，我洗衣服，洗衣机里甩得嗵嗵响，我忽而想起它，掀开洗衣机，它正在泡沫里拼命挣扎，嘴无声地张着。如果它能发出声音，一定是在喊我的名字。

　　它这么能活，我习惯了它，不怎么在意它了，就把它放进门角的痰盂里。它爬不出来。整整一个夏天，它也就被我忘掉了。秋风渐起，宿舍拆迁，我收拾行李才想起它，在痰盂里，只找到一具甲壳——它的血肉全被蚊虫吸光了。甲壳干干净净，像一件玲珑的雕塑，如意两个字清晰依旧。

我用一根红丝线穿起它，风铃一样挂在窗口。秋风袭来，它回荡在窗棂间，发出訇的一响。在它跟随我的五年里，只留给我这一声叹息似的回响，这声回响常把我从梦中敲醒。

春雨·纸鹤

我第一次注意她，在合欢树下。

合欢树是一棵很孤独的树。校园西侧是一片沉默的梨树林，梨树有二百一十六株，合欢树只有这一棵。

那时候她坐在合欢树下埋头折纸鹤，脚边散着五颜六色的彩纸。她的手很美，折的纸鹤精巧夺目。一个看书的男生忍不住从她裙裾上捡起一只，夹进书里。她失神地尖叫起来，叫声仿佛骤然粉碎的玻璃，让围观的人不知所措。

有人悄声说，疯子。

一个人忽而扒开人群搂住了她，看样子是她的母亲，一声不吭地盯着我们，脸色苍白且愤怒。

围观者一哄而散。我被她妈妈拽住，要我帮忙挟着她回家。她住在梨树后的宿舍楼里。她妈妈替她梳头洗脸，又哄她睡下。她有十八岁吧，目光呆滞，像一座美丽却毫无灵气的雕塑。我告辞的时候，她妈妈道声谢，递给我一只蓝色的纸鹤。

折得很漂亮，我说。

她妈妈一笑，淡淡的，有几分凄凉。

高二年级，我分到文科班。她妈妈竟是我的数学老师兼班主任。通过零零碎碎的传闻，我已经多少了解了一些她的故事。她曾经是她妈妈的学生，同桌男生很喜欢她，于是早恋。她妈妈把她关起来，又让那个男生转了学。后来她逃学失踪了几个月，被找回来就成了现在这个样子。

因为她的故事，我们都不太喜欢班主任。

班主任还喜欢家访——这尤其让大家深恶痛绝——甚至对我也不例外。其实我早已无家可访，父母离异后，我一直住校，靠远在省城的父亲断断续续寄来的生活费过活。秋天的某个周末，班主任风尘仆仆从省城回来，唤我到办公室，说专程去找了我父亲一趟，替我要了一年的学费。

我怔怔望着班主任，当然还有她。她的手一直让班主任牵着。难道上省城老师的手都没松开过？

高三开学，父亲直接找到学校，当着班主任的面告诉我，如果我能考上大学，他愿意继续供我读书，要是考不上……后面的话他没说。

从这一天起，我常到合欢树下来，啃一本又一本的书。秋天。冬天。梨树林繁华落尽，树梢只有一只乌鸦冷眼看我。每天黄昏，她准时到梨树林，折纸鹤，或者默坐半天。她渐渐记住了我，偶尔有陌生人进树林观望，她会本能地抱着纸鹤往我身后闪。但她很少和我讲话。

一天，她忽而问我："你为什么总到这里来？"这令我十分惊讶，我反问她："你为什么总到这里来？"

"我在等东东。"她说。

以后每次见面，她都预先打个招呼，说她在等东东。我从她手里拿过很多纸鹤，夹在课本里，它们展翅欲舞。

早春，梨花似雪一夜间汹涌而来，她不玩纸鹤了，经常折野蔷薇的嫩茎吃，悄声唱歌。她很会唱歌，让人浮在莫名的怀想中。《驿路》是夏夜散步时路灯上挂着的雨滴，《小城故事》是夕阳下倚在小桥边脉脉的守候，《大约在冬季》是秋风凋零的最后一片落叶……

我还吃过她采的蔷薇茎，青青涩涩，是女孩梦的味道。

东东、纸鹤、歌声还有蔷薇，大约是她故事漏下的碎片。我不敢问，怕招来她突如其来的尖叫。

合欢花谢的时候，我病了一周，耗尽了生活费，只好很不情愿地给父亲写了封信。在梨树林里我把信折来叠去，犹豫着要不要寄。后来，她教我把信笺折成一只纸鹤，问寄给谁。我恶作剧地笑笑，说寄给东东，告诉他你一直等在这里。

一瞬间，她的双眼不可思议地被镀亮了，跳起来飞快往街上的邮筒跑。

我没有拉她。让她去寄也好，省得我在邮筒前徘徊。

后来，下雨了。

再后来，听说她在街上撞了中巴车。她飞起来，落在马路中间，像一只被雨淋湿翅膀的蝴蝶。

那正是晚餐时分，学校的人呼啦都涌到街上。我捧着一只空碗，呆呆站在雨中，雨点并不大，但是冰凉彻骨，一直溅进我生命的最深处。

她飞起的那一刹那，手里是否捏着我的纸鹤？

一连两天，我不敢上课，怕看见班主任，怕人提起那封把她引向毁灭的信。在春天剩余的日子里，我边复习边对着一堵墙提心吊胆，看一片荒芜的白色无节制地蔓延，看墙上拉出一根紧张的丝，沉重的蜘蛛在丝上散步。那根丝就是我崩直的神经，任何一个瞬间都有可能断裂。

但是，始终没人提及我的信。

也许，她把信投进邮筒了。

七月不动声色地来了，又去了。在惨白的阳光下，我还穿着黑色的长衣长裤，包藏着虚弱的身体，也包藏着春天的秘密与冷凉。高考结束后，我收到一封从母校寄来的信，是班主任的笔迹。

撕开信封，倏地掉出一只纸鹤。

是我春天交给她的那只，点点滴滴，残留着那场春雨的痕迹，还有如同带着她体温的血渍。

我的手一抖，仿佛看到教室墙上那根紧张的丝清脆地断开，让我在恐慌中跌入阳光下的尘埃，替无法收拾的春天划了个句号。

精彩赏析

本篇文章以"冬、夏、秋、春"的四季顺序安排故事情节，而这四季又以"衬衫、白果、如意、纸鹤"四件东西为线索。"冬""夏"两季讲述了作者友人与母亲在不同时期所发生的故事，同时表现出了作者友人对母亲的情感变化，而这样的感情变化也正与季节特点相呼应，进而抒发出作者友人对母亲的无限怀念之情。"秋""春"两季则是作者帮友人补充的两个故事，分别讲述了作者童年时期所经历的两件印象深刻、意义非凡的事情。全文以第一人称"我"的视角和语气来描述四个故事，以亲身阅历者的眼光去观察和叙述的写法，使小说主观色彩更为浓厚，人物心理刻画更为细腻，情感也更为动人，同时增加了小说的真实性、亲和力和亲切感。

参考答案

★ 试卷作家预测演练 ★

【预测演练一】

1.（1）作者将故乡的景色描绘得如此细腻，既表现出了作者正沉浸于故乡——江北的小城栖镇的独特风景中，又可以看出作者对故乡各处风景特点都十分熟悉，同时借由风景引出作者对童年往事的回忆。（4分）

（2）这是对家庭状态的一个描述。作者透过门缝所看到的"孤独的影子"指的正是忙碌的母亲，同时照应前文中"父亲在省城工作，母亲独自在老屋照看我和妹妹"。一个"拴"字表现了作者为母亲感到心酸和无奈。（4分）

（3）表面上，作者为了阻止唐医生进来，所以才将门关紧。但作者关上的不只是这表面的大门，更是属于自己童年的那扇门。自此之后作者开始真正成长。（4分）

2.略

【预测演练二】

1.（1）"你是一座桥"是将外婆比作了一座桥，生动形象地描绘出了外婆那瘦弱的肩膀上背负着抚养儿女的责任和沉重的生活，她用弯曲的背脊为孩子们搭起了一座通往未来的生命之桥。（4分）

（2）上了年纪的外婆本该行动缓慢，作者在这里却用"赶紧"一词突出其行动的迅速，直接表现出了外婆对这几粒长生果的珍惜，而"蹦进那么暗的屋角都能找到"更突出表现了"珍惜"的程度。后面一句则是对外婆如此珍惜这几粒长生果的解释，表现出了外婆对"四毛"和"我"的爱意。（4分）

（3）一方面，外婆是想修一座石桥来表达她的善心，表达她对孩子的祝福；另一方面，这座桥是外婆一生的写照，隐喻着世上太多的母亲永远是孩子的桥，生命从来没有属于自己，活着只为渡儿女过河。（4分）

2.略

【预测演练三】

1.（1）作者开篇以疑问句的形式引发读者的思考，激发读者的好奇心，使读者带着疑问往下探究。同时，这是故事发展的线索，全文围绕这一线索展开叙述，使文章脉络清晰、主题明确。（4分）

（2）首先，作者通过自然环境描写和社会环境描写清晰地介绍了故事发生的时间、地点、背景，以及故事的主要人物；然后，作者借此表明了福音巷和童年旧居的永和巷的不同，突出福音巷安静、祥和的特点；同时，作者更借几年后，物是人非，而福音巷依旧如初，两棵黝黑的树依旧守在路口，表现出对童年生活的怀念。（4分）

（3）作者借由"梨树"和"槐树"当时的生长状态生动地表现出了这场单相思的结果，使文章前后连贯、脉络清晰，并与前文

多次呼应，突出文章中心，表现作者对童年中这场单相思的回忆和感叹。（4分）

2.略

【预测演练四】

1.（1）文章由"我"引出故事主人公，又以第一人称"我"这一旁观者的角度讲述主人公从灿烂如花到平静离世的故事。这样的叙述方式，将这一悲惨的故事真实且客观地呈现给大众读者，不仅增加了故事的真实性、生动性和可靠性，而且更能让读者与之共情，深刻地体会作者心中的情感。（4分）

（2）林东因母亲患病，家庭经济困难，所以他从很小的时候就开始外出打工，同时为了节省开支，父亲会毫不犹豫替林东省略掉很多东西，包括游戏和假期。而其他的孩子每天都处在充满欢乐的童年生活，这也是林东"不在我们的世界里"的原因。（4分）

（3）故事结尾所提的合欢花和桐花的绽放与蝉的唱叫，既与文章开篇相呼应，又以此展现出对林东离世的悲哀与惋惜，同时升华文章主题。夏花是旺盛生命的象征，而生如夏花便是告诉我们要像夏季的花朵那般绚烂，活得灿烂、奔放，也是告诉我们要善待生命、珍惜生命。（4分）

2.略

— 试卷上的作家 —

初中生美文读本

序　号	作　者	作　品
1	安　宁	一只蚂蚁爬过春天
2	安武林	安徒生的孤独
3	曹　旭	有温度的生活
4	林　夕	从身边最近的地方寻找快乐
5	简　默	指尖花田
6	乔　叶	鲜花课
7	吴　然	白水台看云
8	叶倾城	用三十年等我自己长大
9	张国龙	一里路需要走多久
10	张丽钧	心壤之上，万亩花开

高中生美文读本

序　号	作　者	作　品
1	韩小蕙	目标始终如一
2	林　彦	星星还在北方
3	刘庆邦	端　灯
4	刘心武	起点之美
5	梅　洁	楼兰的忧郁
6	裘山山	相亲相爱的水
7	王兆胜	阳光心房
8	辛　茜	鸟儿细语
9	杨海蒂	杂花生树
10	尹传红	由雪引发的科学实验
11	朱　鸿	高考作文的命题与散文写作